Eläkevuodet näköpiirissä

Täyttä elämää hyvässä iässä

Marjaana Kanerva

Eläkevuodet näköpiirissä

Täyttä elämää hyvässä iässä

Kustantaja: BoD – Books on Demand, Helsinki, Suomi
Valmistaja: BoD – Books on Demand, Norderstedt, Saksa

ISBN: 978-952-80-5073-5

Elämä on löytöretki.

"Vähän tietää se,
jolla ei ole kokemusta,
matkoilla neuvokkuus karttuu."
Sirak

Sisällys:

1. Johdanto

Eläkevuodet ovat alkamassa. Mikä upea näköala! Pian alkava elämänvaihe on monen mielestä se paras: koskaan aikaisemmin ei ole saanut olla niin riippumaton, itsellinen ja avoin kaikelle uudelle kuin eläkkeellä voi olla. Edessä on vaihe, jossa vihdoinkin on aikaa, on vapautta, on mahdollisuuksia!

Tunnetko sinäkin niin? Toivon, että vastaat kyllä! Mutta ymmärrän hyvin, jos suhtaudutkin asiaan varauksellisemmin. Onhan eläkkeelle siirtyminen askel johonkin aivan uuteen. Siihen sisältyy myös luopumista ja tutun arjen taakse jättämistä.

Kun lähdemme sanoittamaan ajatuksia ja kokemuksia tulevasta sekä peilaamaan näitä keskustellen jonkun muun kanssa, kuvamme selkenee. Lisäksi ajatuksemme jäsentyvät, kun saamme eläkkeelle siirtymistä koskevaa tietoa.

Kaikki tämä täyttää epävarmuutta aiheuttavia tyhjiä koloja tiellä muutokseen.

On viisasta valmistautua tulevaan, lähditpä matkaan sitten riemumielin tai hiukan arkaillen. Harva uskaltautuu tuntemattomaan maastoonkaan ilman karttaa ja kompassia tai edes jonkinlaista etukäteistietoa edessä olevasta matkasta. Vaikka ne olisivat repussakin, haasteita voi tulla vastaan. Mutta ilman tietoa, varusteita tai edes alustavaa suunnitelmaa olisit varmasti suuremmassa pulassa!

Tämä kirja tarjoaa tietoa ja keskustelukumppanin elämänpolun tärkeän risteyksen lähestyessä. Se myös valmistaa sinua uudelle reitille avaamalla näköaloja tulevaan. Niitä katsellen nostat tietoisuuteesi sitä, minkä matkalla todennäköisesti kohtaat. Voit lukiessasi puntaroida omaa tilannettasi. Juuri sinä päätät, miten haluat edetä ja mikä sopii sinulle. Löydät kirjasta myös pohdintakysymyksiä sekä sivuja, joille voit kirjoittaa omia ajatuksiasi. Samalla sinun on näin mahdollisuus kirjata näkyviin omaa prosessiasi.

Eläkkeelle siirtyminen on portti uudelle polulle ja alkavalle löytöretkelle. Yllätyksiltäkään et voi välttyä. Varmimmin matkasi eläkkeelle kuitenkin sujuu suotuisasti, kun olet hyvin varustautunut!

Tervetuloa tutkailemaan eläkemaisemasi innostavia näköaloja!

Vihdoinkin saan olla vapaa!
Vapaa
velvoitteista, vaatimuksista
paineista ja aikatauluista.

Vapaa
pärjäämisestä, pinnistelystä,
jaksamisen pakosta.

Nyt on aika uudelle ja tuo-
reelle
ennen kokemattomallekin.

Saan olla vapaa
näkemään ja kokemaan,
löytämään ja tekemään.

Vapaa
kulkemaan ja lepäämään
jakamaan ja iloitsemaan.

Vapaa
oppimaan ja kehittymään,
syventymään ja luomaan.

Vapaus jostakin
on vapautta johonkin.
Siitä minä nyt kiitän.

2. Eläkevuodet näköpiirissä

Jo sanapari "eläkkeelle siirtyminen" on ilmaisu, joka omalle kohdalle osuessa jättää harvan kylmäksi. Tiedostimmepa sitä tai emme, meillä tapaa olla asiaan "suhde". Tunnekokemuksellamme on luultavimmin plussalle tai miinukselle asettuva arvovaraus. Tämä alitajuisesti koettu suhtautumisemme eläköitymiseen voi läikähtää vaihtuvina mielikuvina tai mukavina, ikävinä tai epämääräisinä tunteina. Se näkyy monesti myös jo siirtymää kuvaavassa vaistomaisessa sanavalinnassa.

Minkä ilmaisun sinä ensimmäiseksi valitset kuvaamaan eläköitymistäsi? Oletko lähtemässä, jäämässä, pääsemässä, joutumassa vai siirtymässä eläkkeelle? Vai onko sinulla jokin muu sana tulevalle tai käsillä olevalle muutokselle?

Ajatus eläkkeelle siirtymisestä voi herättää innostusta, unelmia ja mukavia mielikuvia. Se voi olla pitkän odotuksen päässä siintävä autuas määränpää.

Mutta yhtä lailla se voi nostaa esiin myös levotto-
muutta, epävarmuutta ja huoltakin. Mitä tapahtuu
turvalliselle arjelle? Kuinka selviän taloudellisesti?
Keitä kuuluu elämääni, kun työyhteisö jää taakse?
Ei ole mikään ihme, jos tunnistat itsessäsi näitä re-
aktioita. Ihmisen mieli on sikälikin metka, että tun-
teet voivat paitsi vaihdella, myös olla jollakin tavoin
läsnä samanaikaisesti. Eläköitymistä ajatellessa
ajatukset voivat risteillä ja tunteet ailahdella joskus
jopa vastakkaisista ääripäistä toiseen.

Et ole kokemuksessasi yksin. Onhan eläkkeelle siir-
tyminen yksi suurimmista elämää koskevista muu-
toksista. Stressipisteet kohoavat korkealle silloin-
kin, kun eläkeaikaa odottaa hyvillä mielin.

Moni huomaa, että eläköitymisen ajankohdan jo
häämöttäessä mietteet eläkkeellä olosta kuin itses-
tään alkavat ottaa tilaa. Ehkäpä näin on juuri hyvä:
alitajunta valmistaa meitä tulevaan. Miellyttävät
ajatukset ja toiveet piirtävät kuvaa siitä, mikä vih-
doinkin on mahdollista. Epävarmuutta herättävät
mielikuvat puolestaan muistuttavat mahdollisista
töyssyistä tulevalla tiellä.

Harva asia maailmassa on mustavalkoinen. Eläk-
keelle siirtyminen ei tee tästä poikkeusta. Vaikka
eläköitymisen pohdinta etenkin huolten näkökul-
masta voi tuntua rasittavaltakin, olisi hyvä, jos

erilaiset tunteet voisi hyväksyä. Niistä nimittäin voi tulevaisuutta ajatellen hyötyä.

Lähdetään liikkeelle ajatuksista, tunteista, unelmista ja peloista. Onhan itse eläkkeelle siirtyminen monelle jo tuo unelma tai pelko.

3. Unelmat ja pelot ovat tärkeitä

3.1. Unelmat ja toiveet

Unelmointi tekee tutkitusti hyvää ihmisen hyvinvoinnille. Mukavat ajatukset rentouttavat ja saavat mielihyvähormonit virtaamaan. Kuvat, joita mielesi haaveillessasi nostaa esiin, kertovat siitä, mitä kaipaat ja tarvitset. Ne kertovat myös sinusta persoonana, siitä, millainen juuri sinä olet.

Omien unelmien kuuntelu on tärkeää. Viimeistään nyt on aika tutustua itseensä, vielä hitusen paremmin kuin tähän asti! Olisiko nyt myös aika sallia itselleen sitä hyvää, josta unelmat kertovat?

Olen kohdannut ihmisiä, jotka eivät uskalla unelmoida. Ehdotus omien toiveiden esiin päästämisestä tai varsinkaan ääneen sanomisesta vaikuttaa suurelta uhkalta. Se mahdollisuus, että uskaltautuisi unelmoimaan ja toivottu asia ei sitten toteutuisikaan, tuntuu katastrofilta. Suojakilpi nousee

16

heti: "Parempi, kun ei lähde toivomaan ja haihattelemaan, silloin ei ainakaan joudu pettymään!"

Ehkä elämän koettelemukset ovat tehneet heidät varovaiseksi. Koetut pettymykset nousevat kirvelevinä mieleen. Olisiko ankaran kasvatuksen, vaativan työelämän tai kohdalle osuneiden kipeiden kokemusten seurausta, että puolustusmekanismit käynnistyvät? Se on hyvin ymmärrettävää, mutta ikävä kyllä myös kahlehtivaa.

Toivoisin, että et joutuisi suojautumaan! Soisin, että juuri tässä kohtaa, unelmien äärellä, voisit hengittää vapaasti!

Sillä tarvitseeko unelmien, etenkään kaikkien, todella toteutua? Ei tietenkään! Kyse on ajatusten leikistä, mahdollisuuksien puntaroinnista, mielihyvää tuomien näköalojen kartoittamisesta.

Suojautumisen tarpeessa voi kyse olla myös siitä, että toisilleen sukua olevat käsitteet menevät sekaisin.

Sillä unelmahan on aivan eri asia kuin tulostavoite. Unelma ei ole maali eikä se vaadi suorittamista tai selviytymistä. Unelmasta et joudu tilille. Unelma on arvokas jo itsessään. Virkistyshetki, jos niin päätät. Kuin taideteos, kaunis kuva, joka hoitaa sielua ja mieltä. Joskus se on kuin rukous – avoin ja herkkä. Ja kyllä, ihme ja kumma, on myös unelmia, jotka toteutuvat!

Älä siis unelmoidessasi ajattele, että "tämän on pakko toteutua" tai "minun on saavutettava tuo päämäärä", vaan anna ajatuksen lentää. Mieti rauhassa asioita, mitä haluat elämääsi sisällyttää, ehkä jo nyt, tai sitten, kun olet eläkkeellä. Mikä on sinulle tärkeää, mistä saat iloa? Unelmoidessasi myös oivallat, mikä on mahdollista toteuttaa, mikä ei.

Sillä jotkut unelmat todella toteutuvat, aivan itsestään. Ja jotkut voit toteuttaa ihan itse. Unelmien "konkretisointi" tavalla tai toisella vie asiaa eteenpäin. Koeta kuitenkin säilyttää vapaus ja tyyneys – älä kahlehdi itseäsi päämäärään äläkä muuta unelmaasi välttämättä saavutettavaksi "maaliksi", jonka toteutumatta jääminen pilaa elämäsi.

Mieti tätäkin: jos vaikka unelmasi ei koko laajuudessaan voi täyttyä, voitko löytää toteutettavaksi jotakin siitä?

Maailmanympärysmatkan sijasta matkustatkin ehkä pienimuotoisemmin? Suuren puutarhan sijaan luot kukkatarhan parvekkeelle? Et uutta opiskellessasi kenties suorita tutkintoa, mutta kehityt siinä silti taitavaksi ja asiantuntevaksi? Sen kaikista tärkeimmän ihmisen sijasta löydät jonkun muun, tai ehkä monia samanhenkisiä, mukavia ihmisiä? Tai mitä muuta vain – jotakin siitä, mikä ikinä unelmasi onkaan!

Voit konkretisoida unelmiasi seuraavasti:

Kirjoita unelmakirja: Voit esimerkiksi kirjoittaa toiveistasi tai listata niitä. Jos kirjoitat, voit vaikkapa kuvailla mitä eläkkeellä teet, missä olet, keiden kanssa? Mitä haluat kokea? Millaisesta sisäisestä olotilasta haaveilet? Jo pelkkä listaus – sanoja allekkain paperilla – tekee näkyväksi sisäistä maailmaasi.

Tee unelmataulu: Voit myös koota unelmiasi kuvin. Luo lehdistä, valokuvista tai netistä löydetyillä kuvilla omien unelmiesi taulu esimerkiksi suurelle paperille tai muistikirjaan. Tai kiinnitä se vaikka siihen jääkaapin oveen – näkymään ja muistuttamaan!

Kokoa unelmalaatikko: kerää sopivaan laatikkoon symboleja toiveistasi. Niitä voivat olla vaikkapa luonnon materiaalit, langat tai kankaat, kivet, valokuvat tai mikä vain esine, jolle juuri sinä annat merkityksen.

Kokoa rauhassa "unelmavakkaasi", olipa se näin toteutettu tai vain eläisi ajatuksissasi. Anna sen kehittyä ja muhia. Jossakin vaiheessa voit poimia sieltä jonkun toteutettavan unelman. Kokonaisen tai "osaunelman". Lähde sitten kulkemaan sitä kohti. Mieti askelmerkkejä: mitä tarvitset tai mitä sinun tulee tehdä, jotta pääset jatkamaan?

Kartoita myös, mikä estää unelmasi toteutumista. Voiko nämä esteet voittaa? Miten? Tee alustava suunnitelma. Hanki tarvikkeita, käytä netin hakuohjelmaa tietojen ja toimenpiteiden selvittämiseksi, ota yhteyttä järjestäviin tahoihin. Tee jotakin, mikä vie suunnitelmaasi eteenpäin.

Joskus ihmiset pohtivat, miksi mikään siitä, minkä tekemisestä eläkkeellä ollessa haaveili, ei toteudukaan. Vastaus on hyvinkin yksinkertainen: ei tullut sitten kuitenkaan ryhdyttyä.

Tartu sinä siis toimeen!

3.2. Pelot ja epävarmuudet

On luonnollista ja usein realistista ennakoida myös eläkkeelle siirtymisen mahdollisia sudenkuoppia. Se ei välttämättä ole mukavaa, mutta se on hyödyllistä.

Yö on monilla aikaa, jolloin möröt tulevat esiin. Oletko joskus kokenut, kuinka asia, jota murehtiessa olet yösydännä heittelehtinyt pieluksillasi, tuntuukin päivänvalossa pienemmältä, jotenkin käsiteltävämmältä? Minä olen.

Mittasuhteet voivat hämärtyä myös silloin, jos ihminen ei syystä tai toisesta halua päästää tietoisuuteensa asiaa, joka eläkkeelle siirtymisessä pelottaa. Saati sitten lausua sitä ääneen. Huolten pimennossa pitäminen voi kuitenkin vääristää pulmien

20

kokoluokkaa, aivan kuten yömurehtiminenkin tekee.

Koeta siis sanoittaa tuntemuksiasi. Kun huolenaiheitaan sanoo ääneen, ne saavat muodon. Kun ne ovat saaneet muodon, niitä voi paremmin käsitellä. Arkinen vertaistuki, keskustelu jonkun eläkettä odottavan tai jo eläkkeellä olevan kanssa voi auttaa. Vaikka henkilö ei pystyisi puhaltamaan pois huoliasi, saat hänestä kuitenkin kanssaihmisen, joka jakaa kokemustasi. Tunne siitä, että et kanna asioitasi yksin, antaa jo paljon. Vielä parempi on, jos tuo henkilö tuntee omakohtaisesti tilanteesi tai pulmasi ja on ehkä omassa elämässään löytänyt siihen ratkaisujakin.

Joku viisas on lausunut, että se mikä ihmisestä usein tuntuu yksityisimmältä, onkin yleisintä. Esimerkiksi arkuus, heikkous, häpeä, epävarmuus tai pelon tunne ovat näitä syvästi henkilökohtaisia ja samalla kuitenkin niin yhteisiä tunteita. Älä siis arastele turhaan. Tässäkään kohtaa et ole yksin!

Mietipä myös tätä: eivätkö juuri epävarmuus tai pelko ole vieläpä jossakin mielessä myös tarpeellisia tulevaisuuden suunnittelussa? Ne kun ohjaavat ihmistä varautumaan. On jopa väitetty, että ne ovat olleet evoluutiossakin keskeisiä, selviytymistä tukevia tekijöitä.

Yhäkin voit tuntemustesi tai aavistelusi kautta "nähdä vaaran", "mahdollisen ongelman" tai "epäsuotuisan tilanteen". Voit näin valmistautua tulevaan ja löytää jo edeltä käsinkin ongelmaan ratkaisuja.

Toimi siis mahdollisten pelkojesi suhteen osittain samaan tapaan kuin unelmien kohdalla: kokoa niitä ja pohdi niitä. Voit käyttää menetelmänä listausta tai käsitekarttaa. Tunnista ja nimeä huolenaiheesi.

Olen edellä käyttänyt sanaa pelko. Monestikaan kyse ei silti ole varsinaisesta pelosta, vaan kenties vain epäselvältä tuntuvasta tilanteesta. Lisäksi harva tunne on selkeärajainen tai puhtaaksiviljelty. Koeta silti löytää tunteillesi nimi tai nimiä. Listaa niitä sitten näkyviin.

Pohdi sitten, mihin kokonaisuuteen nimeämäsi asia asettuu. Mikä asiaan vaikuttaa, mikä sen aiheuttaa? Mikä heikentää tai voimistaa sitä?

Pyri sitten miettimään asioita tai tekijöitä, joita voit tehdä tai joihin voit vaikuttaa.

Aivan kaikki ongelmat maailmassa eivät toki ratkea, kun niihin vain keskittyy. Monia omaa elämää haittaavia asioita pystyy kuitenkin ainakin lieventämään. Joitakin voi torjua, korjata paljon tai poistaa joskus jopa kokonaan. Näitä asioita ovat esimerkiksi omat epäterveelliset elämäntavat, mutta myös monet eläkeläisten yhteisesti kokemat merkittävät ongelmat, kuten pitkästyminen, niukkeneva talous tai yksinäisyyden tunne.

Asioiden keskinäisen riippuvuussuhteenkin näkeminen voi olla keskeinen oivallus. Kun köysinipun solmu löystyy yhdeltä suunnalta, muutkin säikeet saattavat alkaa avautua.

Älä pelkää,
lausuu suuri kirja,
älä ihmislapsi pelkää!

Me olemme,
me elämme,
me liikumme
vahvan voiman varassa,
hyvyyden hengen virtauksessa.

Ihmettele vain ja unelmoi
jättäydy turvaan ja luota.

Anna tien eteenpäin johtaa
ja rakkauden sinua kantaa.

4. Muutos yltää kaikkialle

Edellä olen ehdottanut käytännöllisiä, helposti toteutettavia harjoituksia tai toimenpiteitä toiveita ja epävarmuuksia ajatellen. Kartoitukset eivät toki itsessään luo uutta tai korjaa tilanteita. Ne tarjoavat kuitenkin jokaiselle hallittavan tavan päästä niin omien toiveiden kuin niiden toteutumista estävien tekijöidenkin äärelle. Eteneminen riippuu siis paljolti sinusta. Muutos ja suunta riippuu sinusta. Tämä on olennainen seikka.

4.1. Muutos ja minä

Miksi siis on tärkeää tehdä konkreettista analyysiä ja toimenpidesuunnitelmia? Siksi, että kaikkea muutosta voi hallita parhaiten *olemalla itse siinä aktiivinen.* Jos jossakin elämäntilanteessa, niin juuri eläkkeelle siirtyessä niin moni asia muuttuu, vieläpä kerralla!

Et voi – etkä uskoakseni haluakaan olla omassa elämässäsi ajopuu.

On sanottu, että vain muutos on pysyvää. Näin varmasti on. Jos ajattelemme mitä vain, yksittäisiä asioita tai kokonaisuutta, huomaamme, että muutos todella ulottuu kaikkialle. Kun ajattelet omaa elämääsi, näet sen mitä omakohtaisimmin. Muutosta on tapahtunut ja tapahtuu perheessäsi, olosuhteissasi ja ympäristössäsi. Sinä itse muutut, ulkonaisesti ja myös sisäisesti. Jokin sinussa kuitenkin pysyy myös samana. Se on sinun ainutkertainen itsesi, syvin identiteettisi. Se on tallessa, myös nyt eläkeiässäsi.

Muistelun on todettu olevan äärimmäisen hyödyllinen menetelmä, kun halutaan etsiä ja tukea hyvää elämää. Parhaimmillaan muistot voimistavat ihmisen omaa itsetuntemusta, itseymmärrystä ja vahvistavat käsitystä omista vahvuuksista ja voimavaroista. Muistot nostavat esiin sen mistä kukin syvimmältään iloitsee, mikä innostaa ja kannustaa, miten itse reagoi kriisitilanteessa. Niiden kautta avautuu, mikä on jokaisen omin selviytymisstrategia.

Muistelua auttaa, jos voit tehdä sitä jonkin konkreettisen asian, kuvien tai esineiden avulla. Ainakin voit mielessäsi, ehkä sopivassa kohdassa todellisuudessakin, selata elämästäsi kertovaa kuva-albumia.

Eri ihmisten välillä on kuitenkin eroja. Kuten unelmointi, myös muistelu voi nostattaa mielessä vastarintaa. Ehkä menneessä elämässä on asioita, joiden muistaminen tuo mukanaan ikävän olon. Jos sinulla on kokemusta tästä, et ehkä oikein halua sukeltaa menneisyytesi syövereihin. Valinta on tietenkin sinun.

Muista kuitenkin, että kaikkien ihmisten elämässä on vaikeita asioita. Ja samoin on myös hyviä, voimavaroja tuovia asioita! Keskity siis hyvään, tiedosta se painotetusti. Ja keskity itsessäsi olevaan hyvään, se on tässä yhteydessä asian pihvi. Ajattele: me plus – miinus-kuusikymppiset, mehän olemme selvinneet vaikka mistä! Olemme saaneet elää näin pitkälle, läpi haasteiden ja vaikeidenkin aikojen. Meissä on siis voimaa ja ytyä!

Kaikesta huolimatta – ja kaikki mukaan lukien – minusta on suurta viisautta sen muistaminen, että ihmiselle on annettu silmät etupuolelle.

Katsellaan siis levollisesti taakse, mutta pääsääntöisesti ja luottavaisin mielin eteenpäin!

4.2. Mikä on juuri sinun vahvuutesi, voimavarasi?

Halutessasi selaa nyt oman elämäsi albumia, todellisesti tai ajatuksin. Voit aivan konkreettisesti piirtää "elämäsi tien" ja merkitä sen varrelle tärkeimmät virstanpylväät, esimerkiksi ikäkaudet tai muut merkitykselliset vaiheet tai tapahtumat. Voit myös lukea seuraavan virityksen ja lähteä vaikka kävelylle antaen ajatusten virrata. Tartu esiin nouseviin, itsellesi olennaisiin, vahvistaviin muistoihin. Pohdi, millainen olit lapsena, nuorena, aikuisuuden eri vaiheissa? Muista: Katsele itseäsi hellyydellä ja ymmärryksellä. Älä arvostele, tuomitse, esitä moitteita.

- Millaisia hyviä ja onnellisia muistoja sinulla on?

- Keitä muistat lämmöllä?

- Mitä sellaista koit, joka oli sinulle tärkeää tuolloin?

- Mitä haluat vaalia omassa elämässäsi?

- Mitä kokemaasi tai oppimaasi mielelläsi siirtäisit eteenpäin?

- Mitkä hyvät asiat sinussa itsessäsi ovat vahvistuneet?

- Miten voit vaalia elämässäsi löytämääsi arvokasta ja hyvää?

4.3. Muutoksen pieni anatomia

Muutoksesta kannattaa puhua vähän runsaammin, koska se on eläkkeelle siirtymisessä yksi olennaisimmista sanoista. Muutos tavoittaa elämävaiheen kaikki ulottuvuudet ja värittää keskeisimpiä arkielämän tasoja. Mutta mitä kaikkea muutos ilmiönä sisältääkään? Tässä voimme tarvita paitsi kuvailua ja toteamista, myös vähän syvemmälle menevää ilmiön ymmärtämistä.

Yritän avata muutoksen vaikutusta ihan lyhyellä "arkianalyysillä". Teen sen siksi, että muutoksen dynamiikan ja sisäisten vaikutussuhteiden näkeminen on yksi tärkeä askel oman elämän muutoksen ymmärtämiseen ja vähän sen hallintaankin. Seuraava kuvaus ei ole tarkka eikä tyhjentävä, mutta toivon sen hiukan antavan tuntumaa muutoksen mahtiin elämässämme.

Sanalla "muutos" voidaan tarkoittaa sävyltään eri asioita. Esimerkiksi muuttuminen, muutos, vaihdos, transformaatio, korvaaminen painottuvat eri tavoin. Synonyymejä löytyy paljon lisää, kuten variaatio, mutaatio, metamorfoosi ja niin edelleen.

Arjessamme muutos voi olla ulkoista, jolloin asioiden järjestys, määrä, sisältö tai vaikka paikka muuttuvat. Muutetaan tai vaihdetaan vaatteita, työtehtäviä, asuinpaikkaa ja niin edelleen. Transformaatio tarkoittaa vahvemmin olemuksellista muutosta, muodonmuutosta tai sisäistä muutosta: luomakunnan ilmiöitä, kehitystä, muuntumista. Samanoloinen sana transformaation kanssa on myös kreikankielen "metanoia", joka merkitsee mielenmuutosta ja myös sisäistä henkistä kasvua, kilvoitusta ja pyrkimystä parempaan elämään.

Muutos-termien väliset erot eivät ole tarkkarajaisia, vaan niille on ominaista, että eri tyyppien välillä tapahtuu liikettä ja liukumista.

Olennaista on huomata, että ulkoinen muutos johtaa yleensä väistämättä olemukselliseen tai sisäiseen muutokseen. Näin tapahtuu esimerkiksi silloin kun ihminen muuttaa ulkomaille tai uuteen kulttuuriin tai silloin kun työelämässä vaihtaa alaa. Samoin sisäinen muutos, arvojen, elämäsisällön tai vakaumuksen muuttuminen voi johtaa tarpeeseen muuttaa myös ulkoinen ympäristö. Tästä puhuu esimerkiksi sisäistä prosessia seuraava maalle muutto tai ekologisten elämänarvojen ja valintojen omaksuminen osaksi elämää.

Eläkkeelle siirtymisen mullistuksia ajatellen on jännittävää huomata, kuinka kattavasti erilaiset muutoksen tyypit sisältyvät tähän vaiheeseen.

Eläkkeelle siirtyvä lakkaa olemasta työntekijä. Status vaihtuu. Ulkoinen muutos johtaa, tai ainakin haastaa, myös sisäiseen muutokseen, vähintäinkin prosessiin.

Kun ympäristö, pääasiallinen päivittäisen olemisen paikka vaihtuu, se merkitsee täyttä ympäristön vaihdosta. Työpaikan sijaan astuu koti, lähellä olleet ihmiset vaihtuvat, työtoverit etääntyvät tai poistuvat kokonaankin omasta elämästä työyhteisön jäädessä taakse. Tekemisen kohde, tehtävät ja se merkityssisältö, johon olemme tarmomme ja tekomme suunnanneet, jää pois tai muuttuu toiseksi. Samaan aikaan tapahtuu kehollisia muutoksia. Ikääntyminen alkaa tuntua ja näkyä kehossa, vaikka kuinka taistelisi aikaa vastaan. Iän lisääntyminen muuttaa yleensä myös elämänarvojen järjestystä ja painotuksia. Joskus puhutaan kypsymisestä, joskus seestymisestä, toisinaan löytyy muitakin, vähemmän mairittelevia ilmaisuja.

Muuttuvan maailman vaatimukset kaikkinensa ja erityisesti teknologian ja digitaalisen todellisuuden hektinen muutosvauhti voi tuntua haastavilta heistäkin, joille it-osaaminen on ollut arkipäivää – ei toki välttämättä. Moni myös kokee, että yhteiskunnassa hallitseva arvomaailma ja tapakulttuuri, vaikkapa somekäyttäytyminen tai elämäntapavaatimukset, ovat tulleet itselle ainakin osin vieraiksi.

Olisi tietenkin hyvin miellyttävää, jos elämän erilaiset muutokset olisivat oman mielemme mukaisia ja meille suotuisia.

Sosiaalisessa mediassa kiertää kaksiosainen pilakuva, jonka ensimmäisessä ruudussa agitaattori perää kuohuvilta kansanjoukoilta: "Kuka haluaa muutosta?" – Kaikki hurraavat, liput liehuvat!

Toisessa kuvassa samainen agitaattori kysyy ihmismereltä: "Kuka haluaa muuttua?" – Kuolemanhiljaisuus.

Kenties yksi eläköitymisen suurimmista haasteista on se, että oman itsen asemointi yhteiskunnassa on muuttuvassa tilanteessa tehtävä uudelleen. Uusi vaihe myös haastaa sisäistä maailmaa, asennetta ja ajattelua, sitä omaa muutosvalmiutta. Tässä tullaan keskeiseen kysymykseen identiteetistä, josta lisää tuonnempana.

4.4. Hyvä vai paha muutos?

Me ihmiset olemme kokemukseni mukaan hyvin erilaisia muutoksen kokemisessa ja sen käsittelyssä. Jotkut pitävät muutoksesta, toiset inhoavat sitä. Useimmat kuitenkin *selviävät* muutoksesta, kun siihen saa sopivan siirtymäajan – kyseessähän on mielen sisäinen prosessi. Psykologit kutsuvat tätä prosessia joskus "psyykkiseksi työksi".

Riittävän muuttumaton, stabiili olotila, jossa tiedämme asioiden toistuvan samankaltaisena päivästä toiseen, tuo turvallisuutta. Tuon turvallisuuden ylläpitäminen antaa elämään ennakoivuutta ja varmuutta. Se vie myös meiltä paljon vähemmän energiaa kuin uusi tilanne, ja vähentää siis stressiä. Vaikka olemassa oleva olotila ei edes olisi itselle mukava ja mieluinen, voi turvallisuuden kaipuu viedä voiton: "Parempi tuttu helvetti kuin tuntematon taivas".

Mielellä on näin oma puolustusmekanismi liian suuria tai nopeita muutoksia vastaan. Saatamme esimerkiksi vähätellä tai kieltää käsillä olevan muutoksen todellisuutta, laajuutta tai sen vaikutuksia. Saatamme aktiivisesti unohtaa, väistää tai vitkutella tilanteessa. Pakeneminen tai aggressio eivät ole nekään harvinaisia reagointitapoja. Tämä käyttäytyminen on yleistä ja tietenkin hyvin luonnollista. Jossakin vaiheessa on silti hyödyksi mennä eteenpäin.

"Muutosta on kuvattu kolmella vaiheella, jolloin siinä on: loppu, tyhjyys ja alku. Vanhan täytyy loppua ja siitä luopua, ennen kuin uusi voi alkaa. Loppumista seuraa pidempi tai lyhyempi tyhjyyden kokemisen vaihe. Ei ole enää vanhaa, muttei kunnolla uuttakaan. Sitten alkaa uusi. On myös sanottu ihmisen olevan sinut muutoksen kanssa, kun hän on käynyt läpi neljä perustunnetta: pelko, viha/uhma, suru ja ilo." (Sami Lahtiluoma, kirjassa Työ ja henki, toim. Kanerva&Tanska, Kirjapaja 2015.)

Eläkkeelle siirtymisen näkökulmastakin tämä organisaation muutosta kuvaava luonnehdinta kuulostaa osin tutulta. Oman kokemukseni mukaan tunteiden voimakkuus luopumistilanteessa tosin vaihtelee vahvastikin eri ihmisillä. Vihaa tai uhmaa olen kohdannut vain harvakseltaan, luopumisen haikeutta kyllä useinkin. Mutta suurin määrin myös odotusta ja iloa!

Selkeimmin rajanveto vanhan loppumisen ja uuden alkamisen välillä tapahtuu työnantajan ja työntekijän suhteen viimeisen työpäivän ja ensimmäisen eläkepäivän välillä. Miten mieli ehtii mukaan, onkin jo toinen juttu. Voi todella tulla tuntu, että putoaa uuteen tilanteeseen.

Monesti löytyy keinoja pehmentää yhtäkkistä muutosta. Kuten todettua, mieli alkaa kuin itsestään työstää tulevaa muutosta. Jotkut haluavat ja pystyvät keventämään ansiotyötään viimeisinä työvuosina ja ikään kuin "laskeutuvat" näin kohti täyttä eläkeaikaa. Osittaista työntekoa mahdollistava eläkejärjestelmä tarjoaa siihen mahdollisuuksia: tätä kirjoitettaessa 61 vuotta täyttäneet voivat valita, haluavatko ottaa osan eläkkeestään maksuun etukäteen ja vastaavasti halutessaan lyhentää työaikaansa. Työeläkelaitoksista saa tästä osittaisesta varhennetusta vanhuuseläkkeestä täsmälliset ohjeet.

Suuri merkitys siirtymisessä on luonnollisesti sillä, onko muutos itselle mieluinen vai ei. Jos henkilö "pääsee" eläkkeelle, vallitsevin tunne varmastikin on silloin ilo. Toisinaan ihminen kuitenkin myös "joutuu" tai "pistetään" eläkkeelle, jolloin uuden elämäntilanteen haastavuuteen liittyy taakse jääneiden vaiheiden tuottamaa tunnemyllerrystä.

33

Joskus myös viimeisinä työvuosina on tullut kokemusta ikärasismista, esimerkiksi vähättelevästä tai ulossulkevasta kohtelusta työpaikalla. Itseen kohdistunut epäoikeudenmukaisuus tietenkin haavoittaa ja aiheuttaa juuri edellä mainittua vihaisuutta tai katkeruutta. On selvää, että tämä ei hälvene hetkessä.

Aika kuitenkin hoitaa. Asioihin alkaa saada etäisyyttä ja vähitellen entisen arjen tilalle tulee uutta elämänsisältöä. Tätä voi myös itse edesauttaa. Anna siis kaikkien tunteiden tulla! Sinun tunteesi ovat aitoja ja niihin sinulla on myös oikeus. Tämä voi viedä aikansa. Joskus jo se voi auttaa, että pystyy hyväksymään, että "nyt tuntuu ikävältä".

Koeta kuitenkin jossakin vaiheessa päästää irti. Älä jää loputtomiin vellomaan kurjissa muistoissa. Katso toiveikkaasti eteenpäin. Etsi uutta elämänsisältöä, tee asioita, joista pidät.

Muista, että avainsana siirtymävaiheessa on juuri prosessi.

Voit miettiä kohdallasi:

- Pidätkö muutoksesta vai onko se sinusta epämiellyttävää?

- Mikä on mahdollinen puolustusmekanismisi tai selviytymisstrategiasi?

- Millaisissa tilanteissa ja minkä tyyppisissä kysymyksissä huomaat "puolustautuvasi"?
- Miten voisit käsitellä ikäviä kokemuksia vapauttavasti?
- Mikä voi tuoda uutta iloa elämääsi?

4.5. Muutoksen käsittely

Kuten tiedämme, muutosta ei voi kokonaan hallita. Maailmassa tapahtuu suuria ja pieniä asioita, niskaamme sataa pikkukiviä tai järkäleitä, jotka vain kuin tipahtavat taivaalta ja jotka joudumme kohtaamaan.

Koronapandemia mullisti koko yhteiskunnan, niin yhteisöjen kuin yksityisten ihmisten elämän. Kaikessa kauheudessaan katastrofi kuitenkin osoitti myös sen, että tässäkin tilanteessa ihmiset löysivät vaihtoehtoja. Luova ja keksivä ihmisen mieli etsi ja löysi uusia tapoja elää itse mahdollisimman hyvää elämää ja viedä yhteiskuntaa eteenpäin. Seurasi sopeutumista, muuntumista ja uudenlaisten toimintatapojen kehittämistä. Haluttiin ja myös pystyttiin yhdessä katsomaan eteenpäin. Kriisistä aukesi uusi polku.

Korona on tietenkin esimerkki ääripäästä. Se kuitenkin kuvaa hyvin sitä, miten muutoksen dynamiikka vaikuttaa. Se puhuu myös siitä, mikä tukee selviytymistä ja minkä tahansa muutoksen hallintaa.

Muutoksen käsittelyä kaikissa tilanteissa tukee kolme perusasiaa. Ensimmäinen on jo edellä mainittu *oma toimijuus.* On tärkeää voida itse vaikuttaa omaa elämäänsä ja hyvinvointiansa koskeviin seikkoihin. Toinen perusasia on löytää asiaan rationaalinen näkökulma. Elämänhallinnan tunnetta vahvistaa *sen ymmärtäminen,* mitä on käsillä. Kolmanneksi on tärkeää löytää muutoksesta mielekkyyttä, hyötyä ja iloa eli löytää *positiivinen merkityssisältö.*

Voit kuulostella ajatuksiasi miettimällä esimerkiksi vastauksia seuraaviin kysymyksiin:

- Mikä tukee muutoksen hallintaa elämässäni?

- Mitkä asiat haluan muuttaa?

- Mitkä voin muuttaa?

Älä aja oveltasi
Muutosta,
kun se innolla pyrkii sisään.
Ei se kumminkaan onnistu.

Siellä se vahtii,
koputtaa ovelle
ja kurkkii kaikista ikkunoista.
Pujahtaa sisään, kun silmäsi
välttää.

Ota se mieluummin ystä-
väksi.

Oikukashan se on, ja oma-
tahtoinen.
Yhtenä päivänä herttainen,
toisena kuin riivinrauta.
Mutta voi pojat, miten sinni-
käs!
Ja monien ilmeiden mestari!

Koeta siis kestää.
Tule tutuksi.
Ties vaikka kohta jo tykkäisit-
kin
seurasta, jossa et pitkästy!

5. Kuka minä olen, tässä iässäni?

5.1. Elämän vuosirenkaat

"Muuttuuko ihminen, ja mihin suuntaan...?" Näin kysyy virolainen laulaja Georg Ots Rauno Lehtisen säveltämässä ja Tuula Valkaman sanoittamassa kappaleessa Muuttuvat laulut. Pidin tuosta laulusta paljon jo nuorena. Mutta miten suuresti sen sanoma ja kysely onkaan minulle syventynyt, kun ikää on kertynyt!

Aika ja kaikki kokemamme on mukana elämässämme. Meillä on hyviä vaiheita ja vaikeita vuosia. Kaikki se näkyy meissä, kasvumme vuosirenkaissa. Vaikka "katsomme huomiseen, se uusi onhan", ei vanhaa voi eikä pidä pyyhkiä pois.

Edellä ehdotin harjoitusta, jossa lempein silmin katselet "elämäsi kuva-albumia". Jos teit sen, noukit luultavasti havaintoja siitä, kuka ja millainen olit elämäsi eri vaiheissa. Huomasit ja tunnistit, mitkä olivat sinun omimpia luonteenpiirteitäsi, mistä asioista pidit tai et pitänyt, mikä innoitti sinua, mikä lannisti. Muut ihmiset ympärilläsi ja kaikki elämässäsi kokema on muokannut sinua sellaiseksi kuin nyt olet. Olet jossakin kohtaa saanut ilmaa siipiesi alle, toisessa olet joutunut ponnistelemaan eteenpäin.

Aivan pienenä taimena jo olit sinä, nyt olet yhä "sama hän" ja yhtä aikaa myös enemmän: elämän kasvattama, koulima, kypsyttämä ihminen. Juuri sinä.

Haluaisin nyt kysyä sinulta, millaisena näet itsesi tässä käsillä olevassa elämänvaiheessasi. Miten kuvailisit itseäsi vaikkapa esittäytyessäsi uusille ihmisille? Mitä ominaisuuksia mainitset, mitä sanoja valitset?

Tai jos juttelisit vanhan ystävän kanssa vuosien tauon jälkeen, mitä silloin kertoisit? Mitä sinulle kuuluu, mutta ennen kaikkea, kuinka voit? Mikä on ajankohtaista ja tärkeää sinulle juuri nyt?

Voit ehkä uskaltautua vielä hiukan syvemmälle: mitä ajattelet itsestäsi ja elämästäsi yksityisesti ja salaisesti, ihan vain hiljaa mielessäsi? Mistä itsessäsi olet ylpeä ja tyytyväinen? Mikä tuntuu sinusta hankalammalta kohdata elämätilanteessasi tai voinnissasi?

Varmaan huomasit, että me ihmiset olemme hiukan kuin sipuleita siinä, kuinka paljon haluamme avata itsestämme. Pinnan kerros näkyy julkisimmin. Usein sen kuorikerroksen haluaa pitää melko neutraalina ja turvallisena. Kerrosta syvemmällä, luotetun ihmisen seurassa, voi avautua jo enemmän. Ydintä lähestyessä mennään yksityisimmälle alueelle, sinne, jossa haluamme olla suojattuina.

Kaikki nämä kerrokset kuitenkin kertovat meistä ja suhtautumisestamme elämään ja myös itseemme. Olennainen kysymys on, kuinka "kotonamme" olemme itsemme kanssa missä tahansa kerroksessa. Identiteettimme aukeaa eri tavoin eri yhteyksissä.

Eläkkeelle siirtyessä myös tälle itsensä kokemisen alueelle sen kaikissa kerroksissa kohdistuu merkittävä paine. Muutos siis haastaa identiteettiämme. On tärkeää nähdä, kuka ytimessä on.

5.2. Uusi suhde työhön

Suomalaisessa yhteiskunnassa työllä on perinteisesti ollut valtava arvo. Lukemattomat sanalaskut, laulut ja kirjat kertovat työn korvaamattomasta merkityksestä. "Ei Luojakaan laiskoja elätä." "Töistä miestä mainitahan eikä suurista sanoista." "Alussa oli suo, kuokka ja Jussi."

Työ, usein ankara ja raskas työ, on ollut ihmisen arvon mitta. Luulen, että tuo asenne kulkee vielä milteipä perimässämme, ainakin kansakunnan muistina.

Aikojen muuttuessa ei työn arvostus ole mihinkään kadonnut, vaikka siihen onkin tullut sävyeroja. Työn voi ja se tulisi nykyisinkin tehdä hyvin, vaikka se ei tarkoittasi lipeässä lionneita pyykkärin käsiä tai terveyden vienyttä, uuvuttavaa tehdastyötä. Yhä vieläkin on arvo, jos ihminen on "hyvä työihminen": on vastuullinen ja aikaansaava, idearikas ja luova. Myös tänään työpäivät voivat venyä. Älypuhelin taskussa ja tietokone sohvapöydällä tekevät mahdolliseksi työnteon missä ja milloin vain. Etätyön yleistyminen on avannut aivan uuden ulottuvuuden työskentelylle. Tässä on sekä haittansa että etunsa.

Työn raskauden ja paineiden rinnalle onkin syntynyt työn imun käsite: työstä saa innostua ja nauttia, se voi merkitä elämänsisältöä, se voi olla elämäntapa ja intohimo. Oma työ on monelle väkevällä tavalla minuuden osa. Oma työ on edellyttänyt sitoutumista, "henkistä liittoa" ja tavattoman suurta aikapanostusta.

Entä nyt, kun tuo kaikki on jäämässä pois?

Eläkkeelle siirtymisen yksi keskeinen haaste on luoda *uusi suhde työhön*.

Voit miettiä:

- Mitä työni on minulle merkinnyt? Mitä se on antanut? Mitä vaatinut?

- Missä olen hyvä ja taitava? Mitä ominaisuuttani haluan harjoittaa tai kehittää?

- Onko minun mahdollista uudessa vaiheessani jossakin muodossa jatkaa sitä, mikä on ollut minulle merkityksellistä?

- Onko muita samankaltaisia tilaisuuksia ja alueita kuin juuri entinen työni, joissa voin käyttää lahjojani?

- Löytyykö kokonaan uusia mahdollisuuksia, joihin voisin nyt suunnata mielenkiintoani ja tarmoani?

Joskus eläkkeelle siirtyvä suree kokiessaan, että omaa työtä ei ole arvostettu. Tai hän saattaa ajatella itse, että ei ole saanut tarpeeksi ja riittävän hyvää aikaan. Näin voi käydä vaikkapa silloin, kun omaan tehtävään ei haeta seuraajaa tai toiminta ajetaan alas.

Tässä kohtaa haluan sanoa painokkaasti: tuo huoli on aiheeton!

Jokainen eläkkeelle siirtyvä on päivätyönsä tehnyt ja vapaansa ansainnut. Ehkä omasta työstä ei jää suurta ja näkyvää maamerkkiä, mutta kaikesta työstä jää jälki, kaikella työllä on tulos!

Olen joskus pyytänyt näitä huolia kantavaa ihmistä miettimään, missä kaikessa hän omalla työllään on ollut mukana. Miten tärkeä hänen linkkinsä on ollut pitkässä ketjussa, josta hänen työnsä on ollut osa? Kuinka monta merkittävää tehtävää hän on tehnyt, kuinka montaa ihmistä auttanut? Miten laajalle vaikutukset vuosien saatossa ovatkaan edenneet?

Omalla paikallamme me kaikki olemme olleet mukana asioiden kehittämisessä ja kehittymisessä ajatellaanpa sitten yhteiskunnan tarpeita, työelämän toimivuutta tai aivan omia tietojamme ja taitojamme.

Sinun kannattaakin nyt tehdä työelämäsi tilinpäätös, henkinen inventaari. Nosta siis tietoisuutesi omat ansiosi, omat vahvuuteesi ja oma merkityksesi. Pidä niistä kiinni, vaikka kokisit että muut eivät sitä tee. Muista, että sinä itse tiedät ja tunnet tilanteesi parhaiten!

5.3. Irrottaudu työstä hallitusti

Henkilöstä riippuu, toivooko hän työn loppuessa läksiäisiä ja minkälaisia. Jollekulle suuret juhlat ovat se omin tapa juhlistaa työelämän päättymistä, joku toinen toivoo voivansa poistua kuvioista hiljaisemmin. Työpaikoilla on usein myös traditioita, totuttuja tapoja viettää eläkejuhlia. Niitä voi joko odottaa tai stressata.

Kannattaa toimia tässäkin itselle hyvältä tuntuvalla tavalla. Eläkejuhlassa, pienimuotoisemmassakin, on kuitenkin monia hyviä puolia. Yksi on se, että työyhteisössä saadaan näin tilaisuus kiittää ja hyvästellä eläkkeelle siirtyvä – ja toisinpäinkin. Jokainen on työurastaan kiitoksensa ansainnut! Eläkejuhla on myös siirtymäriitti: se merkkaa konkreettisesti yhden vaiheen loppumisen ja toisen alkamisen. Se tekee tapahtuman näkyväksi ja koettavaksi.

Riitit ylipäätään ovat meille arvokkaita, tärkeämpiä kuin aina hoksaammekaan. Ne ovat merkkipaaluja, portteja, mitä kuvaa haluammekaan käyttää. Kaste- tai nimiäisjuhlat, rippijuhlat, häät ovat eläkejuhlan kaltaisia suuria riittejä. Mutta meillä on myös pienempiä: kodin siivous ennen suurempaa juhlaa, lauantaisauna, elokuiset mökki- ja veneilykauden päättävät "venetsialaiset" eli nuotioiden polttaminen iltojen pimetessä... Riitti tukee tietoisuuttamme. Siinä on sekä yksityinen että sosiaalinen ulottuvuus.

Jos siis haluat jättää työyhteisön ilman suurta juhlaa, harkitse, olisivatko kuitenkin kahvit tai lounas lähimpien työkavereiden kanssa paikallaan. Toteuta myös itse jokin siirtymä: tee matka, osta itsellesi lahja, mene kylpylään – tee jotakin oikein mukavaa! Joku irrottautuu myös arkisemmin vaikkapa järjestämällä vihdoinkin ne odottamassa olevat vaatekomerot tai valokuvat, sisustaa kotinsa uudelleen, aloittaa uuden liikuntaharrastuksen.

Myös kaikki tämä voi olla hyvänä tukena uuden tilanteen haltuunotossa.

5.4. Työn merkityksellisyys säilyy

On ihmisiä, jotka eivät varsinaisesti erottele työtä ja vapaa-aikaa, eivät myöskään eläkeaikaa. Heille työ on elämäntapa. Taiteilijat, tiedemiehet, yrittäjät tai maanviljelijät ovat usein heitä, joiden työ ei lakkaa tietyn virstanpylvään kohdalla. Itseasiassa kuka vain voi kokea työnsä näin. Oikeastaan – miksi ei saisi? Jos ihminen saa tehdä sitä mistä hän suuresti nauttii, ei ole mitään syytä luopua siitä. Etu, minkä eläkeaika tuo, on se, että työskentelyn saa itse valita – ja samoin työn määrän ja laadun.

Näin televisiosta ohjelman, jossa 80-vuotias Marjorie Harris kertoi suhteestaan työhön, johon hän oli ryhtynyt vasta eläkkeelle siirryttyään. Aikaisemmin hän oli ollut aivan muussa ammatissa, mutta oli löytänyt rakastamastaan luonnosta uuden tehtävän. Hän toimi nyt puutarha-arkkitehtinä, omasta vapaasta halustaan ja "palostaan". Hän totesi suurin piirtein näin: "Olen vaiheessa, jossa minua ei enää määrittele työ, vaan persoonani ja käyttäytymiseni". Hän kuvaili, kuinka työn merkitys oli hänelle muuttunut: "Se on jotakin, jossa voin kasvaa henkisesti ja ammatillisesti". Työ oli sellaista, jonka hän oli itse valinnut. Sen tekemiseen ei ollut taloudellista pakkoa, se ei ollut statuskysymys eikä aineellisen tai muun välillisen hyödyn väline. Työssä oli tärkeää sen tuoma ilo ja merkitys.

"Työ" voi vastaisuudessa olla sinulle jotakin aivan muuta kuin ansiotyö tai edes sitoomusta vaativa tehtävä. Työtä voit tehdä kotoa käsin, omasta halusta ja siitä nauttien. Työ voi merkitä kodin askareita, käsitöitä, mitä tahansa omaa hyvinvointia tukevaa toimintaa.

On hyvä muistaa, että ansiotyöstä ei ole pakko luopua, ei edes silloin, kun nykylainsäädännön eläkkeenkertymisikäraja 68 vuotta tulee täyteen. Työtä saa tehdä, mutta se ei enää kerrytä eläkettä. Työ voi olla oman aiemman työn jatkoa tai kokonaan uusi ura. Valinta on sinun.

Ja jos siltä tuntuu, että haluat vihdoinkin nauttia toimettomuudesta, mitään velvoitetta työhön ei ole!

Etsi siis itsellesi sopiva uusi suhde työhön!

Pohdittavaksi:

- Mitä ansiotyöstä luopuminen sinulle merkitsee?

- Miltä ero työyhteisöstä tuntuu tai tuntui?

- Mikä on se tapa, jolla työyhteisöstä mielestäsi kannattaa lähteä? Vähitellen, kerralla, juhlien, hiljaisesti...?

- Mitä hyvää ja itselleni tärkeää antia minulle jää työvuosistani?

5.5. Mikä rooli ja nimitys tuntuu oikealta?

Paitsi uudenlainen suhde työhön, sinun on vaihtuvassa elämänvaiheessasi omaksuttava tai luotava *uusi rooli.*

Kuka sinä olet, kun et enää ole opettaja, autonkuljettaja, hoitaja, toimihenkilö, vahtimestari...tai mikä sinun tehtäväsi onkaan ollut?

Ihmisen on eläköityessään asemoitava itsensä uudelleen, eikä se ole aina helppoa.

Yhteiskunnassa ja yleisessä kielenkäytössä käytetään henkilöintiä täsmentäviä termejä, jotka liittyvät ammattiin, työalaan tai ikään. Monen monituisia lomakkeita tai kyselyjä täyttäessämme joudumme kertomaan sukupuolemme, siviilisäätymme, työllisyytemme ja ikämme. Törmäämme sosiaaliseen statukseen myös kohderyhmämarkkinoinnissa, palvelujen äärellä, median sanoituksissa.

Tähän asti on ollut luontevaa kertoa esittäytyessään paitsi nimensä ja asuinpaikkansa, usein myös työnsä tai ammattinsa. Eläkkeelle siirtyvä huomaa, että se tuttu esittely, jolla aiemmin on luontevasti lähtenyt liikkeelle, ei enää päde. Ulkoa annettu tai itse omaksuttu viiteryhmä ei myöskään enää välttämättä ole voimassa.

Työelämän jälkeen moni huomaakin hakevansa uutta identiteettiä, eikä aina ilahdu tarjolla olevista nimityksistä tai käsitteistä. Millä nimityksellä haluaisit tai sallisit itseäsi nimitettävän? Tämä on varsin tärkeä asia, joten pysähdytään tähän kunnolla. Testaa seuraavia, useasti vastaan tulevia sanoja itseesi liittyen.

Oletko omasta mielestäsi esimerkiksi "seniori", "ikääntyvä", "ikääntynyt", "ikäihminen", "vanhempi (herra tai rouva)", "vanha" tai "vanhus". Vai "mummo tai mummeli", "pappa tai vaari"... Miltä kuulostaisi olla "harmaa pantteri" taikka "puuma"? Ehkä "kypsään ikään ehtinyt" tai "aikuinen nainen tai mies"? Korona toi uuden ilmaisun: "riskiryhmäläinen". Entä miltä kuulostaa "eläkeläinen"?

Tavattuani vuosien varrella hyvin monia eläkkeelle siirtyviä olen huomannut, että sana "eläkeläinen" ei välttämättä ole heille mieluinen. Suosikkeihin eivät kuulu myöskään "mummo" tai "pappa" monine variaatioineen, jos kyseessä ei nimenomaan ole isovanhemmuus. Inhokkien terävintä kärkeä edustavat kuitenkin ehdottomasti termit "vanhus" ja "vanha". Heti mitalistien kantapäillä seuraavat "ikääntynyt" ja "ikäihminen". Myös "seniaria" pidetään joskus keinotekoisena ja imelänä, kuten monia muitakin listaamistani sanoista. Myönteisen sarjan johtopaikkaa pitää omastakin mielestäni sympaattinen "oloneuvos".

Kuitenkaan emme yhdessäkään ole löytäneet yhtä ainukaista sanaa, josta kaikki tai edes suurin osa pitäisi. Mistä tämä kertoo?

Uskoakseni se johtuu ainakin seuraavista seikoista:

- Eläkeläisyys ja vanhuus niputetaan yhteen
- Vanheneminen ei ole mieluisa asia.
- Vanhuutta ei arvosteta.
- "Vanhus" koetaan alentavaksi haukkumasanaksi.
- Asianomainen ei vain koe itse olevansa vanha.
- Työrooli on liian tärkeä, jotta siitä voisi luopua

Kerrotaan juttua eräästä osastonjohtajasta, joka jäi eläkkeelle. Pidettiin asiaankuuluvasti juhlat, ojennettiin lahjat ja kukat, pidettiin puheet. Uusi osastonjohtaja oli valittu ja aloittanut tehtävässään. Kaiken piti olla järjestyksessä. Pulma kuitenkin syntyi, kun eläköitynyt johtaja saapui heti seuraavana maanantaina työpaikalle, meni työhuoneeseensa ja oli siellä kuten aina ennenkin.

Tilanne oli hankala. Johtaja ei kerta kaikkiaan ollut voinut henkisesti hyväksyä tapahtunutta muutosta ja torjui näin tosiasiat tyystin. Tarina ei kerro, kuinka tästä selvittiin. Varmasti tilanne oli kiusallinen ja vaikea myös eläkkeelle jääneelle itselleen.

Tämä oli ääriesimerkki, mutta kertoo roolin muutoksen vaativuudesta. Ajattelenkin itse, että ei ole ollenkaan paha juttu, jos ihminen haluaa pitää kiinni työroolistaan vielä eläkkeelläkin, kunhan se tapahtuu fiksusti. Voi vaikkapa todeta olevansa "eläkkeellä lääkärin tehtävästä", tai mikä oma tehtävä sitten on ollutkin, tai kertoa, missä on ollut ennen töissä. Näin oma työrooli voi kulkea matkassa mukana, vaikka eläkkeellä oleminenkin on samalla totta.

Ja voit myös jättää koko määrittelyn sikseen. Näin tehdessäsi – ja joka tapauksessa – varaudu kuitenkin siihen, että sinua pyritään määrittelemään ulkopuolelta. Säilytä silloin mielenrauhasi. Voit ehkä antaa epämieluisan luonnehdinnan mennä kuin ohi korvien. Sinä olet sinä, sillä siisti!

Voit miettiä:

- Millainen identiteettiisi sisältyvä rooli sinusta tuntuu tällä hetkellä tärkeältä ja ajankohtaiselta?

- Millaista uutta roolia toivot tai odotat?

5.6. Ikääntymisen ulottuvuudet

Miten edellä mainitut ikäkausi- ja rooliluokittelut siis suhtautuvat toisiinsa? Mistä mielleyhtymät ja monesti myös väärinymmärrykset johtuvat? On syytä katsahtaa ikääntymisen käsitteeseen. Tilastollisesti Suomessa ikääntyneiksi luokitellaan 65 vuotta täyttäneet henkilöt. Tämä perustuu siihen, että + – 65 vuotta on yleinen eläkeikä.

Toimintakykyyn perustuva ikääntymiskäsitys sen sijaan määrittää vanhuuden alkavaksi vasta 75 vuoden iässä. Mutta: merkillepantavaa on, että vain joka kolmas 70–74-vuotias pitää itseään vanhana!

Iällä onkin useita erilaisia merkityksiä: biologinen, fysiologinen, psykologinen, sosiaalinen, kulttuurinen ja subjektiivinen ikä. Kronologinen ikä on kalenteri-iän karttumista. Biologinen ja fysiologinen ikä kertovat ihmisen kunnosta. Sosiaalinen ja kulttuurinen ikä määrittyvät yhteisön odotusten mukaisesti, esimerkiksi siinä, millaisia vastuita tai elämäntehtäviä eri ikäisillä ajatellaan olevan. Subjektiivinen tai psykologinen ikä kertoo siitä, miten ihminen itsensä kokee tai miten hän itsensä suhteessa ympäristöönsä hahmottaa.

Ihminen voi vanheta näillä iän erilaisilla merkitystasoilla eri tavoin!

5.7. Kolmas ikä

Ikäkausien jaottelua voidaan niitäkin tehdä eri tavoin. Lapsuus, nuoruus, aikuisuus ja vanhuus lienee se tutuin, mutta muitakin luokittelua voidaan käyttää.

Kolmannen iän käsite on peräisin englantilaiselta sosiaalihistorioitsija Peter Laslettiltä. Hän hahmottaa ihmisen elinkaaren siten, että lapsuus ja nuoruus muodostavat ensimmäisen iän. Sitä seuraa aikuisuuden ja työllisyyden vaihe, toinen ikä. Näiden jälkeen tulee kolmas ikä, joka monella tapaa jatkaa itsenäisen aikuisen elämää, vaikka työelämä jää taakse. Neljäs ikä on tosiasiallinen vanhuus, jossa ihmisen aktiivisuus vähenee ja hoivan tarve tulee merkittäväksi elämää määrittäväksi tekijäksi.

Käytetäänpä mitä tahansa luokittelua, ei nopeasti muuttuvassa maailmassa vanhuuden enää ajatella alkavan 50-vuotispäivästä eikä päivänsankarille juhlallisesti lahjoiteta kävelykeppiä tai kiikkutuolia kohtalokkaan rajapyykin merkiksi, kuten usein ehkä hiukan kliseisestikin muistellaan.

Keskeistä ja muutoksen vauhtia kuvaavaa on, että ei eläkkeelle siirtyminenkään merkitse vanhuuden alkamista! Aikuisuudesta tai työiästä ei loikata suoraan vanhuuteen. Kolmannesta iässään ihminen

52

on monin tavoin "iskussa" ja hänellä on vielä pitkään mahdollisuus aktiiviseen, rikkaaseen, mielenkiintoiseen elämään!

Ja miksipä ei olisi? Nykypäivän 60–70-vuotiaat ovat monin verroin terveempiä ja aktiivisempia kuin heidän vanhempansa tai isovanhempansa olivat samassa iässä. Tilastollinen elinajanodote vaikkapa noin 60-luvulla syntyneille on 80 vuoden molemmin puolin, naisilla jonkin verran korkeampi kuin miehillä. Kuitenkin jo tällä hetkellä hyvin monet suomalaiset elävät reilusti yli 90-vuotiaiksi, satasen tolpan ohittaminenkaan ei ole mahdotonta.

Tein itse silkasta uteliaisuudesta laskelman omasta odotetusta eliniästäni. Verkosta löytyneen laskurin arvio oli armeliaan summittainen – lopullisen ratkaisun päivää en saanut selville. Laskuri kertoi kuitenkin kiinnostavan tiedon: kuolinkuukauteni olisi helmikuu 2042. Olisin tuolloin iältäni 84 v ja 3 kk.

Yhä on siis aikaa, ihan mukavastikin vielä!

Testejä ei tietenkään pidä ottaa kirjaimellisesti, nehän ovat tilastollista leikkiä. Hiljaa mielessäni uskalsin peräti toivoa, että jospa saisin vielä vähän enemmänkin kuin parikymmentä vuotta. Sitähän ei toki – onneksi – tiedä, loppuuko elämä jo paljon aiemmin.

Tärkeämpänä kuin jäljellä olevien vuosien määrää, huomasin ajattelevani niiden laatua. Se, mitä haluan tehdä elämälläni nyt ja lähitulevaisuudessa, on tärkeää. Nyt alkava vaihe, tuo "kolmas ikä", voi olla elämäni parasta aikaa!

Pohdittavaksi:

- Minkä ikäiseksi tunnet itsesi nyt?

- Miltä ikääntyminen on tuntunut siirtyessäsi ikäkaudesta toiseen?

- Mitä hyvää vuosien kertyminen on tuonut persoonaasi?

Viisaus asuu sinussa, ystäväni,
syvä ymmärrys,
elämän tuoma.
Maltti ja kärsivällisyys
vaikeiden vuosien opettama.
Siksi et vähästä hätkähdä.

Vahvuus asuu sinussa, ystäväni,
lujuus ja sopiva sitkeys.
Et ole tuulten kaadettavissa,
et jokaisen virran vietävissä.
Siksi sinä kestät. Siksi sinä pystyt!

Eheys asuu sinussa, ystäväni.
Et ole särötön etkä kolhuja
vailla,
olethan elänyt aitoa elämää
arjessa, ilossa ja surussa.

Kuinka kannatkaan itsesi
arvokkaasti, jalostikin jopa,
elämän jäljet kuin kirkkaat
helmet
– ja nuo murtumat –
ne hohtavat kultaa!
Siksi sinä olet kaunis.

Hyvyys asuu sinussa, ystä-
väni,
ymmärrys ja anteeksianto,
myötätunto ja lempeys.
Rakkaudeksikin sanottu.

Sitä ihmiset janoavat
tarvitsevat ja ikävöivät.
Sitä he sinussa rakastavat
kuten sinä samaa toisissa.

Sillä he vaistoavat,
sillä he tietävät,
kuten sinä ja minäkin:
Rakkaus on meille tärkeintä.

5.8. Vanhuuskin on arvokasta

Edellä puhuin havainnostani, että vanhus-termin tai sen johdannaisten käyttö itseen liittyen nostattaa ihmisissä vahvoja vastalauseita. Ymmärrän sen mainiosti. Emme todellakaan ole eläkkeelle siirtyessämme vielä vanhoja. Ilmaisu ei siis yksinkertaisesti ole totta. Mutta uskon, että asiassa piilee enemmänkin – miksipä se muuten menisi niin vahvasti tunteisiin? Jokin tässä kaivelee meitä. Olisiko tätä sipulia syytä hiukan kuoria?

Ajattelen itse, että vaikka vanhuuteen on vielä reilusti aikaa, voisi eläköityvän olla hyvä miettiä omaa suhdettaan vanhuuteen. Uskon, että se on hyödyllistä ainakin kahdesta syystä. Ensimmäinen on vanhuuden yhteiskunnallinen arvo. Me emme ole "saaria", erillään yhteiskunnasta tai niin sanotusta yleisestä mielipiteestä. Olemme näistä osallisia sekä vaikuttajina että vaikutusten kohteina. Toinen, edelliseen liittyvä, on oma asenne vanhuuteen yleensä, mutta eritoten suhtautuminen omaan ikääntymiseen.

Väitän, että vanhuutta ei yhteiskunnassamme kovin suuresti arvosteta. Olen kokenut, että yhteiskunnallisessa keskustelussa ikääntyneestä väestöstä puhutaan usein menoeränä, jopa rasitteena ja taakkana. Tuodaan esiin, että heihin kuluu verovaroja terveydenhoidon ja muiden sosiaalipalvelujen muodossa. Mainitaan, että he vääristävät maamme sosiaalista rakennetta työikäisten määrän jäädessä suhteellisesti pienemmäksi kuin esimerkiksi Ruotsissa – aivan kuin tämä tosiasia olisi heidän syynsä! Helposti unohtuu, että vielä eläkkeelläkin maksetaan veroja yhteiseen kassaan.

Onneksi kuvaa tasapainottaa, että ainakin väliin muistutetaan myös, että nyt vanhusikäinen sukupolvemme on rakentanut maastamme hyvinvointiyhteiskunnan. Ymmärretään, että se on tehnyt pitkää työpäivää ja viikkoa, maksanut veronsa ja kasvattanut lapsensa omaa aikaamme huomattavasti köyhemmässä yhteiskunnassa. Maamme järjestelmä myös huolehtii – puutteistaan huolimatta – kansainvälisesti verraten hyvin ikääntyneistään, mikä näkyi myös vaikkapa koronaepidemian toimenpiteissä. Mutta silti keskustelussa on toisinaan hiukan karvas sivumaku.

Arkitasolla vanhuuden vieroksunta näkyy mm. viihdeohjelmien ja aikakausilehtien maailmassa. Nuoruus ja kauneus ovat valttia. Ikääntyneistä, jos heitä mukaan mahtuu, pyritään tekemään mahdollisimman nuoren oloisia ja näköisiä. Iästä puhutaan tavalla, joka on itsessään jotakin negatiivista ja kartettavaa: "Ei ikinä uskoisi seitsemänkymppiseksi!"

Miksi ihmeessä ei saisi uskoa?

Ikäsyrjintää esiintyy monin paikoin. Työelämän kuviot ovat oma kokonaisuutensa, mutta myös vähättelevä tai ohittava suhtautuminen arkisia asioita toimittaessa, kaupassa, pankissa, harrastuksissa tai luottamustoimissa voi tulla vastaan, vaikka ihminen ei edes olisi vanha. Oletettu vanhuus riittää.

Minusta tässä on jotakin pielessä.

Sillä ikääntyminen ja aikanaan vanhuus nyt vain sattuu olemaan osa elämää. Syntymä, kasvu, kukoistus ja lakastuminen ovat läsnä kaikkialla luonnossa. On maailman luonnollisin asia, että me ihmisetkin vanhenemme.

On yhteiskuntia ja kulttuureita, joissa vanhoja ihmisiä arvostetaan eri tavalla kuin Suomessa. Monissa Aasian maissa juuri vanhuus on valttia. Eteläisemmässä Euroopassa isovanhemmista pidetään koko perhepiirin voimin hyvää huolta.

Mutta on meilläkin onneksi myös perheitä ja omaisia, jotka eivät unohda vanhuksiaan hoivakoteihin, vaan pitävät yhteyttä ja huolehtivat heistä parhaansa mukaan. On muita tahoja ja ihmisiä, jotka näkevät vanhuuden luonnollisuuden ja myös sen arvon, rikkaan elämänkokemuksen, viisauden ja kypsyyden. On heitä, jotka ikäihmisistä puhuessaan ymmärtävät, mistä kaikesta heidän on pitänyt selvitä. Ja on heitä, jotka omaavat luontevan kunnioituksen ja myötätunnon ihmistä, hänen elämäänsä ja sen eri vaiheita kohtaan, olipa tämän ikä mikä vain.

Omalla kohdallani olen ajatellut, että sen sijaan että kaikin keinoin yrittäisin taistella aikaa vastaan, yrittäisin vähitellen hyväksyä ikääntymiseni. En halua liittyä "vanhuusvihamieliseen" ilmapiiriin pitämällä vanhenemista jollakin tavoin alentavana tai jopa häpeällisenä. Tekisin sen sijaan todellisuuden kanssa sovun. En siis esimerkiksi häpeile enkä valehtele ikääni. Vaikka pyrin pitämään huolta itsestäni, koetan hyväksyä myös muutokset jaksamisessani, terveydessäni ja ulkonäössäni. Ymmärrän muistin pätkimisen tai uusien taitojen oppimisen hitauden kuuluvan tähän vaiheeseen ja yritän oppia naurahtelemaan asialle. Enkä loukkaannu verisesti, kun nuorempi henkilö tarjoaa minulle – vanhalle – paikan bussissa.

Sillä loppujen lopuksi, vanhaksi tuleminenhan on etuoikeus, jota ei kaikille suoda.

Voit miettiä:

- Miten sinä suhtaudut vanhenemiseen?
- Miten haluaisit suhtautua siihen?

Katseeni pysähtyy käsiini.
Siinä ne lepäävät,
vanhemman ihmisen kädet:
Sinertävät, koholla olevat
suonet.
Iho on ryppyinen, kuiva.

Mutta ovatpa käteni ehti-
neetkin:
Pestä ja puunata,
kuoria ja pilkkoa.
Piirtää ja kirjoittaa,
kaivaa ja istuttaa.
Rakentaa ja korjata,
ommella ja neuloa.
Tukea ja kannatella.
Kuivata ja lohduttaa,
helliä ja silittää.
Torjua ja kutsua,
takertua ja irrottaa...

Suljen ja avaan sormia,
katselen kämmeniä ja käm-
menselkää.
Nämä minun käteni...
elämänviivassa on vuosieni
kulku,
uurteissa kätteni kaikki teot.
Elämäni käsikirjoitus.

6. Kun aika on

6.1. Ajan luonne muuttuu

Kun ihmisiltä kysytään, minkä muutoksen he eläköityessään havaitsevat suurimpana, on vastaus yleensä aika. Ei ihme. Useimmat meistä ovat antaneet koko aikuisikänsä käytettävissä olevasta ajastaan leijonanosan työlle. Toteammekin, että "ei ole ollut vapaa-ajan ongelmia" tai että "työelämä on haitannut vapaa-ajan harrastuksia." Aika on ollut *rajallista,* "kortilla".

Työelämän monet sisäiset haasteet ovat nekin liittyneet aikaan. On ollut vuosikelloja, deadlineja, päivä- ja viikkorutiineja. Aika on ollut jäsenneltyä ja usein ohjeistettuakin. On ollut viikkotyöaika, työvuorot, arki ja viikonloppu. On ollut työaikoja ja loma- ja vapaa-aikoja. Aika on ollut *säädeltyä.*

Työssä vietetty aika on sisältänyt suunnittelua, valmistelua, tuottamista, toteuttamista, arviointia, jälkihoitoa ja niin edelleen. Aika on ollut täynnä *sisältöä ja toimintaa.*

61

Työtä on tehty yhdessä toisten ihmisten kanssa. Olemme olleet tiimeissä, osastoilla, koko työyhteisön osana. Olemme tehneet työtä asiakkaille, heitä varten ja toisinaan myös heidän kanssaan. Aika on ollut *yhteistä aikaa*.

Eläkkeellä kaikki voi olla äkkiä toisin. Yhtäkkiä on väljää. Kaikki aika kuuluukin itselle. Kun tähän asti ajasta on tuntunut olevan pulaa, sitä on nyt runsain mitoin. Joskus voi tuntua, että jopa liikaa.

6.2. Kronos ja kairos – ajan eri merkitykset

Ajalla on erilaisia merkityssisältöjä. Myös eläkeläisen elämässä ovat läsnä *kronos* ja *kairos,* kaksi kreikankielistä sanaa, joilla kuvataan ajan toisistaan poikkeavia ulottuvuuksia.

"Kronos" tarkoittaa virtaavaa, kuluvaa aikaa, jota mitataan vaikkapa tunnelilla, päivillä ja vuosilla. "Kairos" taas merkitsee erityistä, tärkeää ja huomionarvoista aikaa, se on "se hetki", tai "momentum".

Japanilaisessa sananlaskussa on tavoitettu hienolla tavalla molempien sävy: "Ihaile kirsikkapuun kukkia nyt, myrskytuuli saattaa tempaista ne yön aikana mukaansa."

Miten totta tämä onkaan – juuri kolmasikäiselle!

6.3. Luo elämään hyvä rutiini

Eläkeläisen kannattaa aluksi miettiä, kuinka haluaa järjestää kronos-aikansa hyvältä tuntuvasti ja viisaasti. Mikä tyyli sopii itselle: onko levollinen hiljaiselo ilman velvoitteita ja vaatimuksia juuri se olotila, mitä on kauan odottanut? Vai kuopivatko kaviot jo hiekkatannerta vain odottaen hetkeä, jolloin saa rientää harrastuksiin, luottamustehtäviin, matkoille, kulttuuritapahtumiin?

Etsi oma tapasi rauhassa. Jollekulle keskiviikon parturikäynti täyttää viikon jo ihan passelisti. Joku toinen taas viihtyy sinä "kiireisenä eläkeläisenä", jolla on aina vauhti päällä. Useimmille meistä kultainen keskitie on lopulta se paras vaihtoehto.

Valitsetpa rauhan tai toimeliaisuuden, ehdotan joka tapauksessa, että luot itsellesi sopivan päivärutiinin. Paino on sanassa "sopiva". En tarkoita tiukkaa aikataulutusta, jonka mukaan olet velvoitettu järjestämään elämäsi, satoi taikka paistoi. Sillä vaikka siltä ei etukäteen tuntuisi, voi liika aika ilman tekemistä alkaa pikkuhiljaa tylsistyttää ja nakertaa elämäniloa, jopa -halua.

Vaarana saattavat olla pitkästyneisyys ja tarpeettomuuden tuntu, kokemus siitä, että ei ole tarpeellinen toisille eikä elämässä ole itselle tärkeää sisältöä. Maalaamatta suuria uhkakuvia, on kuitenkin syytä todeta sekin tosiasia, että tyhjyyden tunne voi ajaa ihmisen esimerkiksi liialliseen päihteiden käyttöön tai pelaamiseen. Aivan tarpeeksi murhetta on jo yksinäisyyden ja masentuneisuuden kokemuksessakin.

Hyvä rutiini ei orjuuta sinua, vaan antaa elämään sopivat raamit. Mielellään suhteellisen säännölliset ruokailut, ulkoilu tai kotitoimet tuovat jo elämään sisäistä järjestystä. Viikon varrelle sijoitetut muut tapahtumat, vaikkapa kauppareissut, kuntosali, kirjasto, torilla käynti tai vierailut lisäävät elämänkulkuusi oman mukavan sisältönsä.

Varmista myös, että löydät elämääsi kairos-hetkiä!

Hanki allakka! Hiukan harvemmatkin merkinnät siellä hahmottavat elämänmenoa ja erityisesti mukavat rastit tuovat "odotuksen iloa" – seikka, jonka merkitystä ei pidä vähätellä! Pienet tai suuremmat kairos-hetket – merkitykselliset tapaamiset, taidenäyttelyt, konsertit, luontoretket, ihanat levolliset saunaillat – miten tärkeitä ne ovatkaan kuluvan kronoksen keskellä!

Jos taas olet erityisen toimeliasta sorttia, täyttyvä kalenterisi voi hiljaisesti muistuttaa sinua tarkistamaan menojesi määrää ja ehkä laatuakin. Ihan kaikkiin pyyntöihin ei tarvitse vastata kyllä: et ole esimerkiksi aina velvoitettu hoitamaan lapsenlapsiasi, vaikka he ovatkin sinulle tärkeitä ja rakkaita. Sinun ei myöskään ole pakko toistuvasti ottaa järjestelyvastuuta harrastuksesi tapahtumasta, vaikka sinulla "onkin nyt aikaa". Voi olla viisasta valikoida ja hiljentää, ainakin silloin tällöin. Saat itse valita! Ei ole tarkoitus, että läkähdytät itsesi eläkkeellä.

Itselleni on ollut tärkeää oivaltaa, että kairos-aikaa on oikeastaan koko kolmannen iän aika. Nyt on "se hetki" elämänkulun kokonaisuudessa, jolloin minulla ja sinulla on lupa ja oikeus tehdä, mitä itse vain haluamme. Nyt vielä me voimme ja myös jaksamme. Tämä aika on vapauden aikaa, monessa mielessä.

Tosiasia on myös se, että jäljellä oleva aikaa ei ole loputtomasti.

Parhaimmillaan ajan rajallisuuden tajuaminen voi kuitenkin tuoda elämisen asenteeseen syvyyttä. Oikein ymmärrettynä se voi nostaa tietoisuuteen elämän ja jokaisen kuluvan päivän arvon. Se voi antaa myös uuden ymmärryksen siitä, että viimeistään nyt saan täydesti keskittyä siihen, mikä elämässä on minulle ja universaalisestikin tärkeintä, kauneinta, syvintä ja tavoiteltavinta. Totuuteen, hyvyyteen, rakkauteen... Ja elämän itsensä ihmeelliseen lahjaan!

Tenavat-sarjakuvassa Ressu-koira ja Jaska Jokunen keskustelevat. "Jonakin päivänä meidän kaikkien pitää kuolla", huokaa Jaska. "Kyllä, mutta kaikkina muina päivinä meidän ei pidä!" vastaa Ressu.

Nyt – juuri nyt – on elämän, mahdollisimman hyvän elämän aika!

Pohdittavaksi:

- Oletko vauhdikkaan ja tapahtumarikkaan elämän vai rauhan ja levollisuuden ystävä?

- Tuleeko mielestäsi eläkeläisellä olla suunnitelmia, jopa kalenteri?

- Mikä mielestäsi on ns. hyvä rutiini juuri sinulle vaikkapa päivä-, viikko- tai kuukausitasolla?

- Millaiset asiat ovat tai voisivat olla sinulle "erityisiä hetkiä" ajan virrassa?

- Miten voit löytää tai tunnistaa näitä hetkiä omassa elämässäsi?

Joskus minä lasken päiviä silloin
kun oikein kaipaan ja ikävöin.

Joskus taas lasken niitä kauhulla,
kun pelkään tai odotan pahinta.

Laskenko vain tulevaan kurkottaen
tai muistaen menneitä, kaiholla?

Voisinko katsoa tähän päivään
ja laskea
– juuri tämän, kuluvan päivän –
– juuri tänään, tavallisena hetkenä –
elämän kalliisiin lahjoihin?

Osaisinpa laskea päiväni oikein
että saisin viisaan sydämen.

7. Sosiaalinen elämä ja toiminta

7.1. Mitä työyhteisön tilalle?

Useimmat ihmiset tarvitsevat toisten seuraa ja mielenkiinnon kohteita voidakseen hyvin. Olemme "sosiaalisia eläimiä". Liittymisen ja joukkoon kuulumisen tarve asuu meissä kaikissa, vaikka olemmekin eri tavoin seurallisia.

Olen työssäni kouluttanut paitsi eläkkeelle valmentautumista, myös työyhteisötaitoja ja työssä jaksamista. Eri yhteyksissä olemme pohtineet työyhteisön merkitystä laajemmin. Kun on mietitty, mikä työssä vie eniten voimavaroja, ovat kärkikaartiin nousseet "työyhteisön kuluttavat ihmissuhteet". Kun on pohdittu, mikä antaa eniten voimia ja iloa, on vastaus ollut "työyhteisön antoisat ihmissuhteet".

Työyhteisö on näin pitkään ollut yksi merkittävimmistä sosiaalista yhteisöistämme. Jopa samat ihmiset ovat voineet olla toisaalta riesamme, toisaalta ilomme. Joka tapauksessa työyhteisöön on mahtunut kumpiakin. Koskaan ei ole vastaani tullut tilannetta, jossa työkavereiden myönteistä merkitystä ei olisi elämän rikastajana mainittu.

Työyhteisön merkitys on siis ollut meille tavattoman suuri. Joskus sen painoarvon saattaa ymmärtää vasta silloin, kun tajuaa kaipaavansa sitä. On ikävä pieniä arjen hetkiä, moikkaamisia, kahvihetkiä, yhteistä suunnittelua tai tekemistä. On ikävä juuri tiettyjä ihmisiä, heidän vaikutustaan omaan hyvään tuuleen, "fiilikseen". On ikävä myös joukkoon kuulumisen tunnetta, työn ja toiminnan yhteistä nimittäjää, me-henkeä.

Kaihoisa ulkopuolisuuden tunne voi yllättää eläkkeelle siirtyvän, vaikka eläkkeelle pääsyä olisi kovasti odottanut.

Hyviä suhteita työyhteisöön eikä varsinkaan tärkeisiin työkavereihin tai -ystäviin tarvitse hylätä, vaikka työstä luopuukin. Yhteys voi jatkua, jos niin toivot, mutta jossakin toisessa kontekstissa.

7.2. Etsi mukava kotipesä

Uudessa tilanteessa kannattaa kuitenkin etsiä itselleen uusi sosiaalinen kotipesä tai useitakin. Se voi olla jokin järjestö tai yhdistys, muu yhteisö, seurakunta tai kansalaisliike. Eläkeläisjärjestöt ovat mitä sopivimpia katseen suuntaamisen kohteita.

Kaikissa näissä toimintamuodoissa on paljon ja erilaista ohjelmaa, tapaamisia, tapahtumia, kursseja, koulutusiltoja, matkoja, konsertteja, vaelluksia... Lähde rohkeasti liikkeelle. Kaikkien ihmissuhteiden ei tarvitse olla hyvin läheisiä tai "tiiviitä", samanhenkisyys mukavassa asiayhteydessä on antoisaa!

Tutustu paikkakuntasi tarjontaan. Kunnan ja kaupungin verkkosivuilla ja esimerkiksi kirjastoissa, paikallislehdissä ja sosiaalisessa mediassa ilmoitetaan järjestettävistä tapahtumista. Hakuohjelmilla, "googlaamalla", löydät tietoa oman paikkakuntasi tarjonnasta myös eri teemojen mukaisesti.

Kansalais- ja työväenopistot järjestävät muun muassa kädentaito- ja liikuntakursseja. Jos kuulut heihin, jotka haluavat kohtaamisten keskiöön "substanssia", kiinnostavaa asiaa, sinua ilahduttaa, että niistä löytää myös sopivan stressittömässä muodossa tarjoiltavaa opetusta ja opiskelumahdollisuuksia. Mikäänhän ei estä sinua myöskään ryhtymään vaativampiinkaan jatko-opintoihin tai tutkimustyöhön, jos sellainen houkuttaa sinua.

Jos taas olet yksin viihtyvää sorttia etkä välttämättä kaipaa säännöllisyyttä sosiaaliseen elämääsi, älä siltikään eristäydy. Juttelu jonkun toisen ihmisen kanssa, vaikka lyhyestikin, antaa elämään aromia. Uimahallit, kuntosalit, kirjastot ja kauppareissutkin voivat tarjota ihmiskontakteja sopivan pienissä paloissa. Naapurista voi saada mukavaa juttu- ja lenkkiseuraa.

7.3. Lähipiiri

Työn viemän ajan vapautuessa on myös uusi mahdollisuus panostaa läheisiin ihmissuhteisiin, puolisoon, perheeseen ja ystäviin.

7.3.1. Suhde puolisoon

Eläkkeelle siirtyminen muuttaa helposti parisuhteen dynamiikkaa. Jos toinen tai molemmat ovat olleet työssä, voi muutos "koko ajan yhdessä"-tilanteeseen tuoda hienoja mahdollisuuksia, mutta myös paineita. Dynamiikkaan vaikuttaa myös se, onko eläkkeelle siirtymisestä yhteinen tahtotila. Tämä koskee paitsi eläkkeelle siirtymistä itsessään, myös sen ajoitusta ja sisältöä.

Onkin hyvä miettiä yhdessä, miltä uusi tilanne kummastakin tuntuu. Mitä odotuksia ja toiveita puolisoilla on? Mistä haaveillaan? Mikä huolestuttaa?

On hyvä myös keskustella, muuttuuko työnjako perheessä: esimerkiksi mitkä kotityöt kuuluvat jatkossa kummallekin, kun päiväjärjestykseen tulee muutos.

Voi olla hyvä myös sopia talousasioiden hoidosta. Mikä on oikeudenmukainen tapa jakaa kuluja, kun tuloissa tapahtuu "tasapainonotkahdus", erityisesti siinä tilanteessa, että toinen on vielä työssä, toinen eläkkeellä.

Joskus parisuhteessa voi ilmetä "annoskateutta": esimerkiksi eri aikaan eläköityvät puolisot voivat kadehtia toisiltaan mahdollisuutta saada "vielä olla työssä" tai "jo eläkkeellä". Kannattaakin kartoittaa kummankin ennakkoasennetta tai kokemusta muuttuneesta tilanteesta.

Olennaista kaikessa keskustelussa on pyrkiä miettimään, miten parisuhteen toimivuutta voi yhdessä rakentaa.

7.3.2. Lapset ja lapsenlapset

Moni eläkkeestä haaveileva odottaa innolla lastenlasten kanssa olemista. Omille lapsille vanhempien antama apu on todella tarpeen. Lapsenlapsille omat isovanhemmat ovat usein mitä tärkeimpiä ja jopa koko loppuelämän muistoissa kulkevia rakkaita ihmisiä.

Isovanhempien näkökulmasta on joskus sanottu, että lapset ovat onni ja lapsenlapset autuus. Tämä on varmasti totta. On kuitenkin hyvä myös muistaa, että vastuu lapsista on voimia vievää, niin fyysisesti kuin henkisesti. Eläkeikäinen on harvoin yhtä jaksava tai nopeasti palautuva kuin nuorempi, se on fysiologinen fakta. Nuoret vanhemmat eivät aina sisäistä tätä, joten sinun kannattaa tarvittaessa sanoa se suoraan, kauniisti mutta painokkaasti. Etsikää yhdessä tasapainoinen yhdessäolon tapa.

7.3.3. Ikääntyvät vanhemmat

Suomalaisten kohonnut elinikä merkitsee myös sitä, että eläkkeelle siirtyvän perhepiiriin kuuluu usein myös omia tai appivanhempia. Eläkkeelle siirtyessä tilanne ei toki tule uutena ja onkin mahdollista, että ikääntyvien vanhempien hoivaan on löytynyt järjestely jo työelämässä ollessa. Riippuu tietenkin tavattomasti heidän kunnostaan, millaiseksi ratkaisu on muodostunut ja arvioitavaksi jää, kuinka mennään eteenpäin.

Huolenpito vanhoista vanhemmista on arvokasta ja usein palkitsevaa, mutta voi olla myös raskasta ja vaivalloista. Jos sisaruksia tai muita perheenjäseniä on useampia, tulisi isovanhemmista huolehtimisen jakautua tasapuolisesti. Mikäli omaisesi tarvitsee apua asumiseensa ja elämiseensä, tai pohdit palvelutalon tai hoivakodin mahdollisuutta, voit pyytää palvelutarpeen arviointia omasta kunnastasi. Omaisena sinun kannattaa yhteydenpidon ja hoivan antamisen suhteen kuunnella sydäntäsi mutta myös arvioida rehellisesti omia mahdollisuuksiasi sekä jaksamistasi.

7.3.4. Suhde ystäviin

Vapautuva aika voi tuoda uuden tilaisuuden antaa enemmän aikaa olemassa oleville ystävyyssuhteille ja myös elvyttää vanhoja. Sosiaalinen media, erityisesti Facebook tarjoaa helpon tavan ylläpitää kontaktia ystäviin ja tuttaviin. Se myös auttaa monesti hämmästyttävän hyvin vanhojen ystävien löytämisessä. Korona-aikana sosiaalinen media muodostui monelle uudella tavalla sosiaaliseksi turvaverkoksi, kun kasvokkain tapaaminen ei ollut mahdollista.

Facebookissa voi myös luoda omia pienyhteisöjä halunsa mukaan. Itse kuulun vanhan koululuokkani ryhmään – olemme useimmat menneet yhdessä ensimmäiselle luokalle, joten yhteistä tuntemista on takanamme yli 55 vuotta. Ryhmän kautta voin somessa pitää yhteyttä koulukavereihin, mutta myös helposti sopia ajoittaisista naamatusten tapaamisista. Sama tietenkin koskee myös muita Facebook-kavereita. Ja antaahan Facebook mahdollisuuden myös löytää kiinnostavia tapahtumia sekä seurata uutisia ja keskusteluja.

Vaikka verkkomaailma on hyvä lisä, on perinteinen ystävien tapaaminen elävässä elämässä kuitenkin suuri ilon aihe. Kannattaakin olla itse aktiivinen, kutsua ihmisiä kylään, sopia kävelylle menosta, innostua teatterista – tai mitä keksittekään. Ystävät ovat elämän suola.

Pohdittavaksi:

- Oletko luonteeltasi enemmän ulospäin-suuntautunut ihminen vai viihdytkö omassa rauhassasi?

- Mitkä asiat työyhteisön ihmisissä jäivät mukavina muistoina mieleesi?

- Millaisia toiveita tai odotuksia sosiaalisten suhteiden osalta sinulla on jatkossa?

- Millaisia mahdollisuuksia aiot hyödyntää olemassa olevien tai uusien ihmiskontaktien rakentamiseksi?

Mustavalkeassa uutisfilmissä
vanha mies kääntää sähkökatkaisijaa.
Hän vaikenee, katselee hartaana,
kun valo täyttää huoneen.

Hän puhelee hiljaa,
kertoo elämästään.
"Että tämmöistä satuelämää
saa nyt elää,
sitä ei lapsena voinut kuvitellakaan."

Mitä kaikkea sanojen takaa aukeaakaan?
Mitä hän onkaan nähnyt ja kokenut?
Millaista puutetta kärsinyt?

Hänen kiitollisuutensa koskettaa
ja jättää unohtumattoman jäljen.

Arki onkin – satuelämää!

Kuinka usein sitä ihminen unohtaa,
että oman elämän hyvä
ei ole itsestään selvää.

Yksinkertaisin hyvä
on pahan poissaoloa.

Löytäisinkö vielä lähelläni
kimaltavan sadunhohteen?

8. Millaiseen tulevaisuuteen matka jatkuu?

8.1. Arvaamaton muutos

Maailma muuttuu ja muutoksen tahti on hurja. Niin sanotussa "normaalissa" elämässäkin muutos, niin tieteellis-tekninen kuin sosiaalinen ja yhteiskunnallinen muutos on valtaisaa. Näin on meillä Pohjolassa mutta myös globaalisti.

Koronapandemia pudotti maailman polvilleen – ja osoitti samalla, että kaikesta tiedosta, tutkimuksesta ja ennakointivalmiudesta huolimatta jotakin kertakaikkisen järisyttävää voi yllättäen tapahtua. Voi tapahtua muutos, joka jättää pysyvän jäljen. Muutos, joka siirtää kehityssuunnan uudelle raiteelle. Paluuta aikaisempaan ei ole.

Tulevaisuuden näkymää luonnehtimaan luotiinkin käsite "uusi normaali". Mutta voiko enää tulla edes uutta normaalia, jokseenkin pysyvää tai edes tasaista asiaintilaa? Käykö sen sijaan niin, että erilaiset yllätykset tulevat vaikuttamaan kaikkeen elämään tulevaisuudessa? Että "normaali" on juuri jatkuvan muutoksen tila?

Emme tiedä, yllätys on tietenkin yllätys. Mutta on kuitenkin tietoa, joka kertoo tulevaisuuden näkymistä *tämän hetken tiedon varassa* ja joka on myös *jokseenkin luotettavaa. Suurella todennäköisyydellä* voimme ennakoida ainakin tieteen ja teknisen kehityksen jatkumista sekä ympäristökysymysten ajankohtaisuutta ja tulevaisuuden haastetta, suoranaista polttavuutta.

Eläkkeelle siirtymisen kannalta pidänkin tärkeänä erityisesti kahta ajankohtaista kysymystä, toisaalta ekososiaalisen sivistyksen, toisaalta "digisosiaalisen" kehityksen vakavasti ottamista omassa elämässä. Kumpikin on luovuttamattoman tärkeä alue meille, jotka haluamme säilyttää ymmärryksemme ja osaamisemme ajan tasalla ympäröivässä yhteiskunnassamme ja olla sen aktiivisia jäseniä.

8.2. Aktiivinen kansalaisuus eläkeiässä

8.2.1. Ekososiaalinen sivistys

"Ekososiaalinen sivistys" on suhteellisen uusi ilmaisu. Sillä tarkoitetaan ajattelutapaa, joka ottaa huomioon toisaalta elämää kannattelevien ekologisten systeemien, kuten ilmaston, puhtaan veden tai maaperän kestävyyden hyvinvoinnin ja elämäntavan rakentamisessa. Toisaalta se muistuttaa sosiaalisen ulottuvuuden, reiluuden ja oikeudenmukaisuuden välttämättömyydestä sekä yhteyden ja osallisuuden merkityksellisyydestä kaikessa elämässä.

Itä-Suomen yliopiston apulaisprofessori Arto O. Salonen luonnehtii omilla verkkosivuillaan ekososiaalisen sivistyksen arvopohjaa seuraavalla tavalla: "Ekososiaalisen sivistyksen arvoperustaksi hahmottuu vapauden ja vastuun yhdistäminen kaikessa ihmisen toiminnassa siten, että huomion kohteena on (a) ekologinen eheys ja monimuotoisuus, (b) ihmisten keskinäinen riippuvuus ja tasavertaisuus, sekä (c) demokratia, väkivallattomuus ja rauha. Ekososiaalinen sivistys haastaa tarkistamaan vallitsevaa materiaalista hyvinvointia painottavaa olemassaolon ihannetta kestävää elämää ja yhteiskuntaa tavoiteltaessa rajallisen maapallon olosuhteissa. Läpi elämän jatkuvan oppimisen päämääränä on ihminen, joka huolehtii paitsi itsestä ja omasta kulttuuristaan, myös toisista ja planeettamme kokonaisuudesta." (Ekososiaalinen sivistys – mitä se on? – Arto O. Salonen (artosalonen.com))

Koska ekososiaalisen sivistyksen arvojen ytimessä ovat vapaus ja vastuu, ihminen ymmärtää, että vapauteen liittyy aina vastuu toiminnan seurauksista. Se tarkoittaa esimerkiksi sitä, että elämän hyvinvoinnin mittarina ei olekaan yksin tai edes pääosin aineellisen hyvän kartuttaminen. Rinnalle ja tilalle voi tulla aineettomia mahdollisuuksia ja henkisiä arvoja. Ihminen tunnistaa vastuunsa yhteisessä maailmassa, muistaa maailman muita asukkaita ja tulevia sukupolvia. Hän tiedostaa luonnon ensisijaisuuden kaiken elämän perustana, jokaisen ihmisen luovuttamattoman itseisarvon sekä talouden roolin kokonaisuudessa. Ekososiaalinen sivistyminen auttaa näin hahmottamaan ihmisen paikan osana suurta kokonaisuutta, osana muuta todellisuutta.

Mitä ekososiaalisen elämäntavan toteuttaminen voisi merkitä eläkeläisen elämässä? Itse asiassa vaikka mitä!

Voi vaikkapa aloittaa arvoista. Voi kysyä itseltään, mikä on minulle tärkeää? Mitä haluan? Entä mitä tarvitsen? Onko se malli, johon olen kasvanut ja oppinut, yhä ajankohtainen ja minulle ja muille hyvä? Millaisen perinnön haluan jättää omille lapsilleni, yhteisille lapsillemme, jälkipolville?

Kuinka vastaukseni suhtautuvat todellisuuteeni ja mitä ne merkitsevät hyvinvointini kannalta? Tarvitsenko esimerkiksi enää kaikkea hankkimaani omaisuutta – ehkä suurta asuntoa tai kesämökkiä, jota minun kuitenkin on vaikea siivota ja huoltaa ja joka on minulle rasite? Haluaisinko oikeastaan pienentää kotini kokoa tai alkaa omistamisen sijasta vuokrata kesäpaikkaa? Voinko säästää energiaa lämmityksessä, valita ekologisen energiantuotantovaihtoehdon tai oppia käyttämään pesu- tai tiskikoneita vain täysinä? Tarvitsenko jatkuvasti vaikkapa uusia vaatteita tai kaikkia niitä tavaroita, joita minulle yritetään kaupata, vaikka todellisuudessa kaappini jo pursuavat? Voinko etsiä ehkä entistä ekologisempia matkakohteita, tai mahdollisesti tukea lentoyhtiötä tai matkanjärjestäjää heidän tarjoamallaan "ekomaksulla"? Kenties voisin harrastaa lähimatkailua? Millaiselta ostoskorini näyttää ruokaostoksilla – suosinko kasvikuntaa ja lähituotteita? Kuinka jätehuoltoni pelaa, kierrätänkö oikein?

Arjen elämänvalinnoilla on merkitystä. Pienikin korjausliike auttaa, kun riittävän moni sen yhdessä tekee. "Downshiftaaminen", keventäminen on sitä paitsi monen mielestä mukavaa ja vapauttavaa, ei tarvitse "näyttää" kenellekään mitään, ainakaan mammonan muodossa. Kaiken lisäksi tietoisuus eettisestä kestävyydestä tuo hyvän mielen.

Monella eläkeläisellä taloudellinen tilanne on hyvä, ja varallisuutta riittää myös sijoittamiseen. Eettinen sijoittaminen on varteenotettava vaihtoehto henkilölle, joka haluaa saada paitsi hyvän tuoton sijoitukselleen, myös kantaa kortensa kekoon kestävämmän maailman puolesta. Vaihtoehtoja on paljon, esimerkiksi sijoitusrahastoissa on muun muassa erilaiseen ympäristöteknologiaan sijoittavia vaihtoehtoja.

Ekososiaalinen sivistys merkitsee myös oikeuden-mukaisuutta. Voi pohtia, olisiko halukas toimimaan kuukausilahjoittajana johonkin valitsemaansa yleishyödylliseen kohteeseen tai tukemaan tavoitetta muuten itselleen sopivalla tavalla.

Toki myös kuluttaminen on välttämätöntä ja tärkeä yhteiskunnan pyörimisen elinehto ja työllistäjä. Valinnoissaan voi kuitenkin olla tiedostava, harkitseva ja järkevä. Joskus itseään ilahduttamaan voi tavaran sijasta ostaa palvelun.

Eettisesti kestävän elämäntavan, terveen ja hyvän arjen ja taloudellisuuden voi mainiosti yhdistää.

Olenkin aina pitänyt tavattomasti sanasta kohtuus. Jos asteikon toisessa ääripäässä on askeettinen, kärsimyksentäyteinen kieltäymys ja kaikesta kivasta luopuminen ja toisessa muista piittaamaton korskea hedonismi ja egoismi, on kohtuullinen hyvä elämä sopivasti siinä välissä. Sellainen humaani, vastuullinen ja luonnollinen asenne toisiin ihmisiin, luontoon ja koko maailmaan. Ja tietenkin itseensä. Sitä kannattaa tavoitella.

8.2.2. Digisosiaalinen sivistys

Hyvin harva jos kukaan meistä pian työelämän jättävistä on välttänyt tietotekniikan esiinmarssin. Alun kompastelevan opettelun jälkeen olemmekin nyt osaajia. Elämme maailmassa, jossa tietotekniikka hallitsee ja useimmat meistä ovat jo tietotekniikkansa kanssa sinut. Monet jopa kokevat tietokoneensa, älypuhelimensa tai tablettinsa täysin välttämättömiksi. Ilman näitä olemme eristyksissä tai kuin "kädettömiä".

Käytän ekososiaalisesta sivistyksestä muokkaamaani ilmaisua "digisosiaalinen", koska kaiken tekniikan tähtäyspisteessä on paitsi parempi asioiden hallinta myös yhteyksien parantaminen. Tietotekniikka helpottaa merkittävästi kaikkien, myös yhteisten asioiden hoitamista samoin kuin ihmisten välisten suhteiden ylläpitämistä. Sosiaalinen tulokulma on siis olennainen.

Aivan keskeisenä kansalaistaitona näyttäytyykin – myös eläkeiässä – juuri digiosaaminen!

Ajattelepa yhteiskuntaa ja sen toimintaa: mitä erilaisimmat palvelut, vero-, pankki-, terveyspalvelut toteutetaan kaikki verkossa. Voit varata netistä kulttuuririentojen liput ja matkat. Monilla lentokentillä tai satamissa on vaikea selvitä, jos ei pärjää automaattien kanssa.

Verkko ei enää ole myöskään pelkkä toimintaväline tai välietappi, itse verkkoympäristössä on toimintaa: koulutusta, konstertteja, nojatuolimatkoja kirkkoon, museoihin tai kaukomaille. Verkko on myös läheisten ja ystävien tapaamispaikka. Korona-aika avasi ja yleisti tämänkin ulottuvuuden kokonaan uudella tavalla.

Kokoukset ja yksityiset tapaamiset sujuvat meiltä mainiosti digiyhteyksin, Teamsit ja Zoomit ovat tuttuja ja uusia sovelluksia syntyy koko ajan. Etätyö ei tuota ongelmaa. Moni harkitseekin eläköitymisen siirtämistä tai työnteon jatkamista eläkkeen rinnalla, koska voi nyt valita työaikansa. Työmatkojen rasittavuuskin voi jäädä päiväjärjestyksestä pois.

Verkosta voimme lukea uutiset, seurata tv- ja radio-ohjelmia tai maksullisia viihde- tai musiikkikanavia. Sosiaalinen media on nykypäivän "tori", jossa voi seurustella ystävien kanssa, etsiä kiinnostuksen kohteita, osallistua tapahtumiin ja paljon muuta. Verkko itsessään on yhteisö.

Saatat ajatella, että tiesit kyllä jo tämän kaiken. Tai että tosiasioista huolimatta verkkotodellisuus ei kiinnosta sitten pätkääkään. Kyllä, mutta voiko – silti taikka sitten – käydä niin, että putoatkin jossakin kohtaa kelkasta?

Pidimmepä ajatuksesta tai emme, vaatii yhteiskunnassa toimintakykyisenä säilyminen riittävää digiosaamista. On myös todella tärkeää tajuta olosuhteissa, verkkomaailmassa ja tekniikassa tapahtuvan kehityksen huimaava nopeus. Se tarkoittaa myös digitaitojen *jatkuvaa päivitystä ja ylläpitämistä*.

Muista, että sinulla on todennäköisesti ainakin 20–30 vuotta elinaikaa. Älä siis ainakaan vapaaehtoisesti jää sivuun maailman menosta!

Jos kaipaat tukea tietoihisi ja taitoihisi, erilaiset järjestöt ja kansalaisopistot järjestävät koulutusta ja opastusta tietotekniikan kysymyksissä. Yhteiskunnan instituutiot myös neuvovat usein palvelujensa käytössä ja uusien palvelujen käyttöönotossa. Aina voi "kilauttaa kaverille", kysyä neuvoa osaavaksi tietämältään tuttavalta. Suvun nuoremmat henkilöt ovat myös yleensä varsin taitavia ja tuntevat tätä aluetta hyvin.

Aivan kaikkea ei tietenkään tarvitse eikä varmaan voikaan oppia. Monista palveluista voi ja kannattaa valita. Sosiaalisen median kaikilla foorumeilla ei tarvitse näkyä. Mutta *riittävä osaaminen* pitää sinut kiinni ajassasi. Ja sitä paitsi helpottaa elämääsi merkittävässä määrin!

Turvallisuus on yksi olennainen digiosaamisen ulottuvuus.

Riittävä digiosaaminen suojelee sinua huijaukselta ja hyväksikäytöltä. Ikääntyessämme olemme kohteita, joihin epärehelliset ihmiset enenevässä määrin kohdistavat petkutusyrityksiä. Valitettava tosiasia on, että rikolliset ovat kehittäneet yhä vain uusia verkkotodellisuutta hyödyttäviä tapoja pyrkiäkseen hyötymään uhreistaan taloudellisesti. He esimerkiksi kalastelevat salasanoja paitsi tietoko-neella, myös puhelimella tekeytymällä muun mu-assa tekniseksi avuksi tai pankin virkailijaksi. Näin he pyrkivät murtautumaan tietoihisi, pääsemään käyttämillesi palvelualustoille, viemään rahasi tai varastamaan identiteettisi.

Varo siis viestejä, joissa olet vaikkapa "voittanut palkinnon", "saanut lahjakortin – vain pientä käyt-töönottokorvausta vastaan", joissa "laitteesi on uhattuna, me autamme…".

Muutama konkreettinen varoituksen sana

- Älä *koskaan* luovuta käyttäjätunnuksiasi tai salasanojasi sähköpostissa tai puhelimessa tehdyn pyynnön pohjalta.

- Vaihda salasanasi usein. Älä käytä eri palve-luissa samoja salasanoja. Älä käytä liian il-meisiä salasanoja, esimerkiksi syntymäai-kaasi, sotun loppua tai nimesi osaa.

- Käytä palveluissa kaksivaiheista tunnistau-tumista, kun se on mahdollista.

- Opi tunnistamaan epäilyttävät puhelinnu-merot, esimerkiksi Englannista tai Afrikasta saapuvat odottamattomat soitot. Jos ehdit vastata, sulje vain luuri havaittuasi häirin-täyrityksen. Näissä puheluissa on selkeästi kyse hyväksikäytöstä. Ne ovat aivan eri asia kuin sinänsä rehellinen puhelinmyynti, jossa soittaja vain tekee työtään. Muista tämä, vaikka lehdenmyyjien puhelut ärsyttäisivät sinua. Voit myös hakea puhelinmarkkinointikieltoa.

- Huijarit ovat taitavia naamioimaan kalastelusivunsa aidon näköiseksi. Vaikka logo näyttäisi luotettavalta, opettele tunnistamaan aito lähettäjä sähköpostisosoitteesta tai nettisivun osoitteesta.

- Älä mene verkkopankkiisi hakukoneen kautta, vaan naputtele itse pankkisi nimi osoiteriville. Tarkista vielä senkin jälkeen sivun asianmukaisuus verkkosivun osoiteriviltä.

- Varo myös "rakkaushuijauksia". Tyypillisesti sinua lähestyy esimerkiksi facebookissa hurmaava mies, usein upseeri, liikemies tai leskimies, tai viehättävä nainen, kaunis, seksikäs tai huolenpitoasi kaipaava. Harkitse tarkkaan, rohkenetko ryhtyä virittelemään lupaavaa suhdetta tällaisen ventovieraan kanssa. Viimeistään silloin, kun sinulta ryhdytään pyytämään taloudellista apua, pitäisi hälytyskellojen soida!

8.2.3. Osallistuminen ja vaikuttaminen

Molempia edellä esitettyjä osaamisalueita, eko- ja digisosiaalista sivistystä, tarvitset halutessasi osallistua ja vaikuttaa omassa ympäristössäsi.

Moni on jo työssäoloaikanaan ollut mukana jossakin kansalaistoiminnassa, järjestössä tai mahdollisesti politiikassa. Joku toinen löytää sieltä uuden kotipesän eläkevuosien alettua. Oman lukunsa muodostavat mahdolliset luottamustoimet.

Yksi hyvän ja mielekkään elämän tunnusmerkki on kokemus siitä, että voi auttaa muita ihmisiä ja vaikuttaa yhteisiin asioihin ja yhteiskunnan tilaan. Erilaisissa luottamus- ja palvelutehtävissä tämä mahdollistuu sinulle. Ole kuitenkin – ainakin alkuun – varovainen siinä, mihin lupaudut. Pohdi, kuinka paljon vastuuta olet valmis ottamaan. Kuinka paljon aikaa ja voimia tehtäväsi vaatii? Tuoko tehtävä myös huolia ja paineita, joista vapautumisesta olet juuri iloinnut?

Harkitse siis huolella ja tee päätöksesi tilannearviosi pohjalta. Kerro resurssisi ja valmiutesi myös mukaan pyytävälle taholle. Tiedustele, kuinka paljon aikaa joudut budjetoimaan tehtävään, kuinka paljon esimerkiksi kokouksia on luvassa. Kun reunaehdot ovat kunnossa, voi tehtäväsi olla mitä tärkein elämänsisällön ja merkityksen antaja.

Pidä siis eläkkeelläkin huolta kansalaistaidoistasi. Huolehdi arkipäivään, asiointiin ja liikkumiseen tarvitsemiesi tietojen ja taitojen ajankohtaisuudesta. Seuraa aikaasi, lue uutisia ja muuta mediaa. Osallistu tapahtumiin ja käy keskustelua, ole mukana vaikuttamassa ja päättämässä. Mieti, mitä haluat harrastaa tai missä toiminnassa olla mukana. Sinä saat nyt valita – miten hienoa!

Aktiivisuus ylläpitää henkistä vireyttäsi ja myös henkisiä kykyjäsi. Kotoa käsinkin voit harjoittaa aivojasi ja ylläpitää osaamistasi. Uuden taidon tai kielen opettelu taikka itselle tuntemattoman elämänalueen haltuunotto voi olla paitsi hauskaa, myös terveyden kannalta hyödyllistä!

9. Kuinka huolehdin itsestäni eläkkeellä?

Fyysinen jaksaminen on luonnollisesti luovuttamaton osa kokonaistavaltaista hyvinvointia. Sen klassiset osatekijät ovat uni, liikunta ja ravinto – monen asiantuntijan mukaan juuri tässä järjestyksessä. Lisäksi voisi mainita levon. Eläkeikäisen palautuminen rasituksista vie enemmän aikaa ja ihan kaikkea ei enää edes jaksa tehdä. Salli itsellesi tarpeeksi lepohetkiä!

9.1. Uni ja lepo

Uni palauttaa elimistön voimatasapainon ja lataa akut. Se ehkäisee stressiä, ylläpitää vastustuskykyä ja torjuu sairauksia. Se myös säätelee aineenvaihdunnan ja hormonitoiminnan tasapainoa. Hyvin nukuttu yö palauttaa henkisen voiman ja vireyden. Uni myös auttaa käsittelemään tunteita sekä ylläpitää muistin ja oppimisen edellytyksiä.

Jos sinulla on hyvät unenlahjat, onnittelen sinua lämpimästi! Moni kuitenkin joutuu huomaamaan, että erilaisten unihäiriöiden määrä iän myötä lisääntyy. Jos emme huolehdi riittävästä levosta, on vaikea jaksaa pitää huolta muistakaan omaan hyvinvointiin vaikuttavista seikoista.

Unen tarve vähenee monella iän myötä. Unirytmikin voi muuttua vanhemmiten, vaikkapa niin, että iltavirkusta tuleekin aamuvirkku. Jos heräät hyvin varhain aamulla, voivat päiväunet tulla tarpeeseen. Älä kuitenkaan nuku silloin liian pitkään – jo lyhyt unessa käväiseminen virkistää, mutta ei syö yöuniasi.

Huolten vatvomisen on moni huomannut olevan pahimpia unisyöppöjä. Iloinen uutinen onkin, että monet ovat eläkkeelle siirryttyään todenneet nukkuvansa levollisemmin, kun työhuolet jäävät pois. Muiden murheiden kohdalla tilanne on toki toinen.

Kun tunnistat mahdollisen unettomuutesi syyn, olet matkalla kohti ratkaisua. Pienempiä pulmia voit yrittää ratkoa omin voimin, mutta pitkäaikaiseen unettomuuteen kannattaa ehdottomasti hakea apua lääkäristä.

Kokeile seuraavia keinoja hyvän unen tuomiseen:

Koeta rakentaa säännöllinen aikarytmi nukkumaan menoon ja aamuheräämiseen.

Ulkoile tarpeeksi. Käy vaikkapa kävelyllä, mutta mielellään muutamaa tuntia ennen nukkumaanmenoa, ettet maate mennessä "käy ylikierroksilla".

Luo jokin sopiva iltarituaali, joka valmistaa levolle käymiseen. Iltauutiset, kuppi teetä, muutama sivu kirjaa...

Älä mene nukkumaan nälkäisenä. Nauti iltapala, mutta sopivan kevyt. Vältä piristäviä juomia, kuten kahvia. Vältä myös alkoholia. Sen nauttiminen voi tuntua rauhoittavalta, mutta tutkitusti alkoholi veressä heikentää unen laatua.

Huolehdi, että sänkysi on sinulle sopiva ja että makuuhuoneesi lämpötila on miellyttävä. Myös rauhallisella, kauniilla sisustuksella – jopa huoneen värillä – voi olla merkitystä. Levottomuus tai sotkuisuus voi häiritä sinua alitajuisesti, vaikka pyritkin tietenkin nukkumaan etkä näkemään sitä.

Valojen himmentäminen illalla auttaa monia, silloin kun se on mahdollista vuodenajan suhteen. Jotkut saavat liikaan kesän valoisuuteen apua pimennysverhoista tai silmäsuojista. Tietokoneen tai puhelimen valo voi myös häiritä rauhoittumista, älä siis viihdy niiden seurassa viimeiseksi illalla tai varsinkaan pitkään.

Kehon ja mielen jännittyneisyyttä voi opetella huojentamaan. Venyttele hiukan ennen nukkumaanmenoa.

Opettele hengitys- ja rentoutumisharjoituksia. Yksinkertaisimmillaan tämä on esimerkiksi sitä, että kuvittelet itsesi oikein miellyttävään, turvalliseen paikkaan. Rauhallinen sisään- ja uloshengittäminen siihen keskittyen auttaa. Samalla voit ajatuksin käydä kehoasi läpi, esimerkiksi päästä varpaisiin edeten ja rentouttaen tietoisesti sen eri kohtia.

Jos huolet, tekemättömät työt tai muistettavat asiat pyörivät mielessä unta häiriten, koeta oppia käsittelemään niitä. Yksi vaihtoehto on kirjoittaa asia vaikkapa käsillä olevaan muistikirjaan ja työntää se näin sivuun juuri siltä hetkeltä.

Joskus unen tuloon auttaa myös siirtyminen vaikkapa sängystä sohvalle tai jääkaapilla käynti. Tieto, että herätyskello ei aamulla soi, on jo sinänsä helpotus valvottuina aamuyön tunteina.

Apteekkien valmisteissa on ilman reseptiä saatavia tuotteita, jotka yleensä sisältävät melatoniinia. Voit kokeilla niitä vaikkapa kuuriluonteisesti.

Pitkittynyt unettomuus vie ihmisestä mehut. Onneksi siihen voi saada apua. Jos siis kotikonstit eivät auta, mene lääkäriin!

9.2. Liikunta ja toimintakyky

Fyysisen terveyden toinen kannatinpilari on liikunta. Aktiivinen liikunta ylläpitää toimintakykyä ja jaksamista, rentouttaa ja tuo hyvää mieltä.

Liikunnalla on myös tärkeä vaikutus aivoterveydelle, kuten vireydelle ja muistille – asia, jonka merkitystä ei voi ollenkaan vähätellä!

Ihan aina emme tule huomanneeksi, kuinka tärkeää toimintakykymme säilyminen meille on. Kaikki arjen asiat ovat siihen kytköksissä, niin kotona kuin kodin ulkopuolella. Emme selviä edes jokapäiväisistä askareistamme ilman sitä. Emme voi myöskään tehdä esimerkiksi vierailuja tai matkustaa omin voimin, tai ainakin kaikki se on huomattavasti vaivalloisempaa.

Joskus käy niin, että toimintakyky hiipuu pikkuhiljaa, niin salakavalasti, että sen merkittävä vähentyminen pääsee yllättämään.

Vaikka siis et olisi ollut innokas liikkuja aikaisemmin, juuri nyt sinun kannattaa aloittaa. Keho hyötyy nopeasti liikunnasta: kunto kohenee jo muutamassa viikossa. Mikä parasta: pienikin liikunta auttaa. Hyvään alkuun päästyä nälkä usein kasvaa syödessä, ja liikuntaa voi lisätä mukavalta tuntuvalla tavalla.

Jos taas olet ollut urheilullinen pitkään, varjele hienoa tapaasi myös eläkkeellä. Aktiivisena liikkujana tiedät itse, mikä laji sopii sinulle ja mitä vaihtoehtoja on valittavanasi. Joskus nimittäin voi olla tarpeen harkita, haluaako lajia vaihtaa omaan kehon kuntoon ja elämäntilanteeseen sopivammaksi.

Hieno asia on, että jokaiselle löytyy oikea laji, kunnosta riippumatta.

Jotta liikuntaa jaksaa harrastaa, siitä täytyy voida nauttia. Tehokkain tapa sammuttaa liikunnan ilo on läkähdyttää itsensä heti alkuun tai hankkia lannistava epäonnistumisen kokemus. Jos olet vastaalkaja, etene viisaasti ja varovasti. Valitse laji, joka tuntuu tarpeeksi helpolta, miellyttävältä ja kuitenkin tehokkaalta.

Liikunnassa on tärkeää huolehtia toisaalta kestävyyskunnosta, toisaalta lihaskunnosta. Kaikille sopivaa liikuntaa on esimerkiksi kävely, uinti, vesijuoksu, pilates tai jooga. Myös hiihto, pyöräily tai juoksu voivat sopia kuntoosi ja ohjelmaasi. Kaikki mainitut lajit lisäävät kestävyyskuntoa, monet lihaskuntoakin.

Kuntosaliharjoittelu, aerobic, tanssi tai vaikkapa helposti kotona tehtävä kuminauhajumppa lisäävät lihasten voimaa – seikka, joka ikääntyessä on tärkeä muistaa, koska juuri lihaskunto heikkenee vanhetessa. Myös tasapainoharjoitukset ovat tärkeitä samoin kuin notkeudesta, kehon liikkuvuudesta ja taipuisuudesta huolehtiminen.

Ikääntyessä on tärkeää pitää huolta myös hengitys- ja verenkiertoelimistöstä sekä nivelistä. Kestävyysliikunnan ja lihaskunnon harjoittaminen lisäävät hapenottokykyä, voimistavat sydäntä ja parantavat verenkiertoa. Nivelet heikkenevät iän myötä suurella joukolla ihmisiä, ja kiusaus jäädä aloilleen särkyjen ja arkuuden vuoksi voi olla suuri. Niveliä tulisi kuitenkin vahvistaa, pitää liikkeessä ja sopivasti kuormittaa, että ne pysyisivät liikkuvina ja toimivina. Parhaiten se onnistuu niitä käyttämällä sekä ylläpitämällä vaikkapa jalkojen lihasvoimaa, joka jopa jossakin määrin kompensoi heikkenevää nivelkuntoa. Kipuun voi löytyä apua myös paikallisesti käytettävistä särkyvoiteista.

Moni nauttii erityisellä tavalla ryhmäliikunnasta, toisten kanssa harrastamisesta. Useilla seuduilla kunta tai työväenopisto tarjoaa liikuntapalveluita, joista voi löytyä juuri itselle sopiva laji. Myös yksityiset liikuntapalveluiden tarjoajat ovat varteenotettava vaihtoehto. Aivan kotonakin voi harrastaa ohjattua liikuntaa: verkkovälitteisesti voi osallistua jumppaan tai venyttelyharjoituksiin, missä ja milloin vain.

Arkiliikunnan arvoa ei pidä unohtaa. Kaikki puuhailu ja liikuskelu on hyödyksi. Pihan haravointi, siivoaminen, kauppaan pyöräily ynnä muut tehtävät ylläpitävät toimintakykyä jo varsin tehokkaasti. Mutta muista myös oikeat työasennot, asentojen vaihtaminen, venyttely ja lepo.

9.3. Ravinto ja ruokaileminen

Fyysisen terveyden kolmas keskeinen kannattelija on tietenkin ruoka. Ei ole yhdentekevää, millaista ravinto on, eikä sekään, mitä ruokaileminen merkitsee yksityisenä tai sosiaalisena tapahtumana.

Moniarvoisessa yhteiskunnassa ei ole enää yhtä ja ainoaa käsitystä siitä, millainen ruoka on hyväksi. Koulukuntia on monia, ja haluankin ajatella, että aikuinen ihminen kyllä tuntee oman tilanteensa, elimistönsä, tarpeensa ja mahdollisuutensa parhaiten. Rohkenen silti esittää tässä hyvän ravitsemuksen "valtavirta-ajattelua", jonka itse olen kokenut hyväksi ja toimivaksi.

Hyvän ravinnon tulisi olla riittävän monipuolista. Sen olisi hyvä sisältää oikeassa suhteessa proteiinia, hiilihydraatteja, kivennäisaineita ja vitamiineja. Ruoan tulisi myös olla tarpeeksi kuitupitoista ja sisältää hyödyllisiä mikrobeja, probiootteja, jotta suolisto voisi hyvin.

Laajaa kannatusta on saanut ns. lautasmalli, jossa täysipainoinen ateria koostuu siten, että neljännes kokonaisuudesta on hiilihydraattia, eli esimerkiksi pastaa, perunaa tai riisiä. Toinen neljännes olisi proteiinia, lihaa, kalaa tai kananmunaa taikka kasvisproteiinia, esimerkiksi palkokasveja. Puolet lautasesta täyttyisi vihanneksista ja kasviksista, vihreistä, keltaisista tai punaisista. Lisäksi voisi nauttia maitovalmisteita ja leipää, sekä jälkiruokana marjoja tai hedelmiä. Lihaa ja maitotuotteita korvaamaan löytyy myös nykyisin runsaasti kasvispohjaisia vaihtoehtoja.

Lautasmallin etu on sen monipuolisuudessa ja painotuksessa. Kasviksia tulee tässä mallissa nautittua runsaasti, joten vitamiinit, kivennäisaineet ja kuitu tulevat mukaan ravintoon. Liha, kala tai kasvisproteiini sekä maitotuotteet ovat erittäin tärkeä osa kokonaisuutta, proteiinin tarve nimittäin lisääntyy ikääntyessä liittyen mm. edellä mainittuun heikkenevään lihaskuntoon. Mahdollisesti lautasmallia voisi muokata lisäämällä proteiinin, erityisesti kasvisproteiinin määrää. Hiilihydraatteja tarvitsemme energiaa tuomaan ja kylläisyyden tunteen saamiseen. Jälkiruoka antaa vitamiinilisän ja kruunaa monelle aterianautinnon.

Oikea ateriarytmi on myös tärkeä. Jopa 4–5 pientä ateriaa päivässä on hyväksi, jolloin kaikkien aterioiden ei tarvitse olla suuria ja "täysiä" ruokailuja. Itselleni sopii kaksi suurempaa ja kolme pienempää ruokahetkeä päivässä.

Jokaisen kannattaa kuunnella omaa rytmiään ja vatsaansa. On syytä valita tapa, joka tuntuu hyvältä ja mikä vaikuttaa myönteisesti omaan oloon ja jaksamiseen. Voi olla tärkeää huomata, että aineenvaihdunta hidastuu vanhemmiten. Ruoan koostumusta saattaa olla siksi syytä tarkistaa myös vähemmän hiilihydraatteja tai varsinkin sokeria sisältävään suuntaan. Ylimääräisiä kiloja kertyy helpommin kuin ennen, ja niistä eroon pääseminen on entistä vaikeampaa. Pieni ylipaino ei toki haittaa, mutta painon kertyminen tapaa vaikuttaa negatiivisesti esimerkiksi unen laatuun ja liikkumisen helppouteen. Uni, liikunta ja ravinto ovatkin kuin sisaruksia, kuin hyvän terveyden kolmoset.

Ravitsemuskysymyksissä en silti usko tiukkapipoisuuteen. Herkutella saa ja pitää, kokonaisuus ratkaisee.

Ruokailun ilo liittyy paitsi ruoan hyvään makuun ja terveellisyyteen, myös sen ulkonäköön, tarjolle panoon, valmistukseenkin. Kauniisti katettu ruokapöytä, aivan itsellekin, tuo iloa. Se osoittaa arvostusta, paitsi ruoalle, myös ruokailijalle! Myös ruokahetken rauha, sen "pyhittäminen" eli omistaminen juuri sille eikä muulle, tuo tilanteeseen erityismerkitystä. En ole työelämässäkään pitänyt siitä, että joskus työasioita hoidetaan omasta tai muiden toimesta ruokailun yhteydessä. Aterioinnin pitäisi saada olla keidashetki päivässä, olipa ihminen sitten työssä tai eläkkeellä.

Oman erityisen arvonsa ruokailulle tuo hyvässä seurassa syöminen. Mieti, olisiko ruokailusta mahdollisuus muodostaa mukava ystävien tai perheen tapaamisen muoto ja tapa. Vuoroittaisilla vierailuilla tai lähtemällä yhdessä jonnekin syömään voi olla aivan oma arvonsa.

Ruoka ei ole itsestäänselvyys, vaikka olemme niin oppineet ajattelemaan – ehkäpä ensimmäisenä suomalaisena sukupolvena, jolle se on ollut mahdollista. Ruoka on arvokas asia, ilon, nautinnon ja kiitollisuuden lähde.

9.4. Hemmottelu ja hyvä olo

Moni eläkeikäinen ihminen on tottunut asettamaan toiset itsensä edelle, usein pääsääntöisesti, joskus aina. Vaikka epäitsekkyys on kaunis ominaisuus ja kannatettava elämänasenne, olen silti sitä mieltä, että eläkkeellä ihmisen on aika alkaa ajatella myös itseään. Se voi tarkoittaa esimerkiksi sitä, että ei aina luovu omista suunnitelmistaan toisten hyväksi. Tai sitä, että käyttää rahaa itseensä eikä muihin. Ja sitäkin, että sallii itselleen sellaista, mikä ei ole aivan välttämätöntä.

Puhun itsensä hemmottelusta, hyvänä pitämisestä. Sen ei tarvitse maksaa maltaita.

Kun välitämme ja rakastamme toisia, haluamme hellitellä heitä, tarjota ehkä jotakin erityistä, piristää heitä pienellä lahjalla tai millä vain huolenpidon osoituksella. Miksi ihmeessä vastaavaa kohtelua ei aika ajoin voisi antaa myös itselleen?

Nyt eläkkeellä kannattaa muistuttaa itselleen, että on käsillä se aika, jonka nimi on Nyt. Nyt on aika nauttia elämän pienistä ja mieluiten tietysti suurista iloista. Nyt saa piristää arkipäivää, ja olla myös välillä myös villi ja vallaton.

Koeta budjetoida itsellesi sopivaksi katsomasi "hemmottelukassa". Ihan päähänpistostakin voit ehkä joskus mennä hierojalle, kylpylään tai kauneushoitolaan ja rentoutua kehollisessa huolenpidossa. Saat mennä kalaretkelle, konserttiin tai teatteriin ja nauttia aistien elämyksestä. Saat ostaa uuden kevättakin tai teknisen vempaimen, jos siitä tulee iloinen mieli. Saat syödä jäätelöä auringonpaisteessa, ostaa värikkään kukkakimpun tai syödä juhlavampaa ruokaa vaikka ihan tavallisena torstaina.

Älä siis kieltäydy kaikesta, ainakaan noin periaatteen vuoksi! Salli itsellesi iloa ja nautintoa. Ota vastaan elämän hyvää. Ole itsellesi hyvä!

Voit miettiä:

- Millä tavalla fyysisen terveyden peruspilarit tukevat hyvinvointiasi nyt?

- Tulisiko jotakin niistä vahvistaa? Millä tavoin?

- Onko sinun helppo hemmotella itseäsi, löytää hyvän olon tekijöitä, joista nautit?

Kokoa niitä mieleesi, "sokerina siroteltavaksi" jatkossa!

9.5. Kokonaisvaltaisen terveyden ylläpito

Eläkeiässä on tärkeää muistaa seurata ja ylläpitää jaksamista ja terveyttä, ehkä keskittyneemmin kuin aiemmin. Yhtenä eläkkeelle siirtymisen rajatolppana voisikin olla myös kokonaisvaltainen terveystarkastus. Jos työterveys mahdollistaa tämän, käytä se hyväksesi. Jos ei, tee se joka tapauksessa. Saat tiedon omasta kehostasi, siitä mikä on kunnossa, ja myös siitä, mitä tulisi alkaa tai jatkossakin hoitaa tai ryhtyä pitämään silmällä.

Laboratoriokokeet kertovat paljon. Monia eläkeikäisiä koskettavat kohdat, mm. kolesteroliarvot, verenpaine ja sokeritasapaino selviävät tätä kautta. Kerro lääkärille kaikki sinua askarruttavat asiat, myös vaikkapa toiminnallisuuteen liittyvät seikat tai ihon ongelmat. Myös näön tutkimus ja silmien kunnon tarkastaminen silmälääkärin toimesta on hyödyllistä. Moni käy myös kuulon tutkimuksessa. Hampaiden kuntoa hoidamme toki eläkkeellä kuten aiemminkin.

Jatkossa ota tavaksesi käydä säännöllisin ajoin tarkastuksessa, varmuuden vuoksi. Sanomattakin on selvää, että kaikki yhteiskunnan tarjoamat ikäkausitestaukset kannattaa hyödyntää.

Kotiin kannattaa hankkia esimerkiksi verenpainemittari ja kaikki se, mikä tukee oman terveyden seuraamista ja ylläpitämistä.

9.6. Asumisen ratkaisut

Fyysisen toimintakyvyn heikkenemistä tapahtuu iän myötä joka tapauksessa, huolehtipa itsestään kuinka hyvin tahansa. Kotona vietetään eläkkeellä useimmissa tapauksissa suurin osa ajasta, ja kodin on oltava mukava ja toimiva.

Ainakin harkintaan kannattaa ottaa, millaisen kodin haluaa ja tarvitsee jatkossa. Itse nivelrikkoisena harkitsen hissittömästä talosta hissilliseen muuttamisen mahdollisuutta – en vielä, mutta sopivassa vaiheessa. Joku toinen saattaa tarvita parempia liikenneyhteyksiä tai vähemmän marjapensaita.

Hyvin suuri osa onnettomuuksista tapahtuu juuri kotona. Kompastumiset, tikkailta putoamiset, pään lyömiset auki olevaan kaapin oveen ja niin edelleen ovat onnettomuuksia, jotka eivät tule kello kaulassa. Se mitä voi tehdä etukäteen, on minimoida onnettomuuksien mahdollisuus.

Päivittäin tai usein tarvittavien tavaroiden tulee löytyä sopivalta korkeudelta. Kotiin voi asentaa liikkumista tai tasapainoa lisääviä tukia vaikkapa kylpyhuoneeseen tai hankkia itsestään sammuvia tai hälyttäviä sähkölaitteita. Avaimia kannattaa pitää kahdessa paikassa unohtumisen varalta. Tärkeät puhelinnumerot on syytä kirjoittaa sekä paperille että lisätä puhelimen pikavalintoihin. Muisti kun tuppaa heikkenemään niin kovin monelta, eikä vara venettä kaada!

Myös huonekalujen sopivuus itselle kannattaa miettiä läpi. Onko sänky hyvä? Pääseekö nojatuolista helposti ylös ja tukeeko se hyvin vaikkapa niskaa tai selkää? Ovatko kalusteet sopivan keveitä, jos niitä on siirreltävä?

Kotiin panostaminen eläkkeelle siirtyessä on omaan itseen sijoittamista, oman hyvinvoinnin varmistamista, oikeassa vaiheessa.

10. Talous kestäväksi

10.1. Eläkkeellä taloustilanne muuttuu

Olisi mukava julistaa, että "raha ei merkitse elämässä mitään". Se ei ole kuitenkaan rehellistä eikä myöskään realistista. Raha merkitsee, ei kaikkea, ei edes eniten, mutta aika paljon kuitenkin. Arjen toimivuudelle ja mielenrauhalle taloudella, sen riittämisellä, on iso vaikutus. On siis viisasta varautua eläkeaikaan myös oman taloutensa näkökulmasta.

Kuten palkkatyössä, myös eläkkeen nauttijoina olemme hyvin erilaisissa taloustilanteissa toisiimme nähden. On paljon ihmisiä, joiden eläkkeet ovat kohtuullisia ja hyvinkin suuria. Tällöin tulojen pudotus eläköityessä ei ole niin oleellinen asia kuin silloin, kun palkkatulokin on tuntunut niukalta. Usein siirtymää pienemmänkin eläkkeen turvin helpottaa, jos asunto tai muu tarpeellinen omaisuus on hankittu, lainoja ei ole, lapset pärjäävät omillaan ja tulot ja menot ovat riittävästi tasapainossa.

Toki tilanteeseen vaikuttaa myös se, millaisia summia on tottunut kuukausittain käyttämään. Suuret tulot ovat voineet totuttaa väljään ja huolettomaan rahankäyttöön. Jos on tottunut kuluttamaan kaiken sen mitä tulee, voi mittavammillakin tuloilla olla hyvä miettiä tulevaa rahankäyttöään. Erityisen tärkeää talouden suunnittelu on silloin, kun toimeentulo on ollut keskimääräistä tasoa tai sen alle.

Eläketurvakeskuksen mukaan keskimääräinen eläke oli vuonna 2020 1762 euroa kuukaudessa. Mediaanieläke taas oli 1 524 euroa. Miesten eläkkeet olivat selvästi naisten eläkkeitä suurempia, keskieläkkeen ollessa lähes 2000 euroa kuukaudessa.

Toki on paljon eläkkeitä, jotka jäävät edellä kuvattujen summien alle, ja vastaavasti on huomattavan suuria eläkkeitä.

Vaikka eläkeläisten toimeentulo on suuressa kuvassa parantunut aikaisemmasta työeläkejärjestelmän kehittyessä, on silti ihmisiä, joiden työeläke jää pieneksi esimerkiksi hoitovapaiden, osa-aikatyön tai muusta syystä johtuneiden pienten tulojen vuoksi.

Aika ajoin julkisuudessa puhutaan eläkeläisköyhyydestä. Eläkeliitto kertoo, että Terveyden- ja hyvinvoinnin laitoksen selvityksessä suhteellisen köyhyysmittarin mukaan 14–15 % yli 65-vuotiaista elää suhteellisen köyhyysrajan alapuolella. Samassa yhteydessä todetaan, että eläkeläisköyhyys johtaa joskus maksuhäiriömerkintöihin. On ollut myös havaittavissa, että eläkeläisten ylivelkaantuminen on ollut kasvusuunnassa. Joskus käy myös niin, että vaikka toimeentulo olisi periaatteessa riittävä, saattavat satunnaiset suuremmat menoerät kuten lääkemenot tai kodinkoneen särkyminen kaataa herkän tasapanon.

Eläkkeelle siirtyessä tulot joka tapauksessa laskevat. Karkean arvion mukaan eläke on palkkatuloon nähden noin 40 % pienempi. Onkin viisasta ottaa talouden suunnittelu osaksi eläkkeelle valmistautumista.

10.2. Varaudu ja suunnittele taloutesi

Sinun kannattaakin arvioida taloutesi *tasapaino laskemalla kuukausittaiset menot ja tulot ja huomioimalla eläköitymisen vaikutus kokonaisuuteen.* Arvioi, kuinka eläköityminen vaikuttaa saamiisi mahdollisiin etuihin, esimerkiksi työterveyshuoltoon, työpaikkaruokailuun, kulttuuriseteleihin, puhelin- tai tietokone-etuihin. Tee lista nykyisistä eduista ja arvioi niiden taloudellista merkitystä.

Tee koe: elä kuukausi tai kaksi arvioimallasi eläketulolla.

Selvitä myös, *mitä etuja tulet saamaan.* Eläkeläisenä sinulla voi olla oikeus edullisempiin matkalippuihin, tapahtumien tai konserttien pääsy- tai kurssimaksuihin jne. Saatat tarvita etujen hyödyntämiseen eläkeläiskortin. Erityisen tärkeää on tutkia, onko sinulla oikeus työeläkkeen rinnalla esimerkiksi kansaneläkkeeseen, eläkeläisen asumistukeen tai muuhun Kelan mahdollistamaan tukeen tai palveluun, esimerkiksi taksiseteleihin.

Tutki tuettujen lomien mahdollisuus, hakusanoilla *tuetut lomat* löytyy useita vaihtoehtoja.

Pienituloisuus eläkkeellä koskettaa erityisesti naisia. Muun muassa Miina Sillanpään säätiön *Neuvokkaat naiset* -toimintamallista voi löytyä sopiva, maksuton tai edullinen harrastusmahdollisuus.

On mahdollista, että eläkkeellä *jotkut menot myös pienenevät*. Kotona ruokaileminen tulee ulkona syömistä edullisemmaksi, autoilu voi vähentyä, työmatkakulut jäädä pois jne. Mieti, kuinka voit elää taloudellisesti mutta samalla täysipainoisesti.

Mieti vielä, *missä suurissa asioissa voit säästää*. Voitko esimerkiksi vaihtaa pienempään tai edullisempaan asuntoon tai vaihtaa jopa paikkakuntaa? Elinkustannukset eri paikkakunnilla muodostuvat erilaisiksi. Voisitko hankkia käänteisen asuntolainan, jossa asuntoasi vastaan saat pankilta lainaa? Onko sinun mahdollista luopua autosta tai vaihtaa edullisempaan? Kykenetkö realisoimaan muuta omaisuutta?

Jos yhtälö vain ei toimi, käänny talousasiantuntijan puoleen. Näitä löydät kuntien, pankkien ja järjestöjen palveluista googlaamalla. Järjestöistä mm. Marttaliitto ja Takuusäätiö auttavat, samoin seurakunnista löytyy tämänkin alueen osaamista.

Varo pikavippejä! Pienestä alkanut lainan otto tätä kautta saattaa johtaa velkakierteeseen ja ylivelkaantumiseen, jos takaisinmaksuerät viivästyvät tai jäävät hoitamatta.

Hyvää ja antoisaa elämää voi elää pienelläkin rahankäytöllä, vastaavasti suuri tuhlaaminen ei varmastikaan ole ovi onneen. Koeta löytää sopiva tasapaino.

11. Eläkkeenhaun käytäntö

Eräänä kauniina päivänä eläkkeelle siirtymisestä lopultakin tulee totta! Tutki tilanteesi hyvissä ajoin, harkitse vaihtoehtojesi välillä ja tee päätös!

Aluksi selvitä, milloin sinun kannattaa tai milloin voit jäädä eläkkeelle. Selvitä tätä varten tulevan eläkkeesi määrä. Työeläkeote on luettelo työskentelystäsi, josta on karttunut työeläkettä. Työeläkeotteen saat työeläkeyhtiöltäsi tai löydät sen verkosta, esimerkiksi www. työeläke.fi tai www.keva.fi. Näiltä sivustoilta löytyy runsaasti tietoa. Sivuilta löytyvät myös yhteystiedot, mikäli haluat saada henkilökohtaista eläkeneuvontaa.

Työeläkeyhtiöiden sivuilla on myös eläkelaskureita. Sellaisen avulla voit arvioida eläkkeelle jäämisen ajankohdan vaikutusta tulevaan eläkkeen määrään. Nyrkkisääntö on, että säädettyä eläkeikää varhaisempi eläkkeelle jääminen pienentää, kun taas pidempään työskentely suurentaa eläkettä.

Palveluun kirjaudutaan esimerkiksi mobiili- tai pankkitunnuksilla.

Päätöksen tehtyäsi sovi eläkkeelle jäämisen ajankohdasta ja irtisanoutumisesta työnantajasi kanssa. Ennen kuin vanhuuseläkkeesi voi alkaa, työsuhteesi pitää olla päättynyt. Työsuhde pitää irtisanoa työehtosopimuksen mukaista irtisanomisaikaa noudattaen.

Kun ajankohta on selvillä, hae eläkettä. Eläkettä on aina haettava, hakemuksen voi tehdä verkossa tai kirjallisesti hakemuslomakkeella. Eläkettä suositellaan haettavaksi noin kaksi kuukautta ennen eläkkeelle siirtymistä. Jos työpaikallasi on eläkeasiamies tai asiaa tunteva henkilöstöpäällikkö, hakemuksen voi tehdä myös yhdessä hänen kanssaan.

Eläkepäätöksen antaa yleensä eläkelaitos, jossa sinulla on eniten ansioita kahden viimeisen kalenterivuoden ajalta. Sama eläkelaitos myös maksaa eläkkeen ja vastaa päätöstä koskeviin tiedusteluihin. Oman eläkelaitoksesi saat selville työnantajalta tai myös www.työeläke.fi -sivustolta pankkitunnuksilla kirjautumalla.

Selvitä myös työeläkkeesi maksupäivä. Sillä voi olla sinulle merkitystä oman rahaliikenteesi, tulojen ja menojen sovittamisen kannalta.

12. Kohti eläkevuosia

Muutama kertaava ohje eläkkeelle siirtyvälle:

- Mieti, kuka olet eläkkeellä. Ota haltuun uusi identiteettisi.

- Valmistaudu sosiaalisen kontekstin muutokseen. Vaali ihmissuhteitasi.

- Valmistaudu ajankäytön muutokseen. Mieti, kuinka haluat oman aikasi käyttää.

- Irrottaudu työelämästä hallitusti. Luo uusi, pakoton suhde työhön.

- Valmistaudu talouden muutokseen. Etsi kustannustehokkaita tapoja elää hyvää elämää.

- Mieti, millaisia arvoja ja päämääriä haluat vaalia ja tavoitella. Mitä sinulle on hyvä, kestävä arki?

- Miten varmistat kohdallasi aktiivisen kansalaisuuden? Miten vahvistat ja ylläpidät digitaitojasi?

Kun eläkepäivät alkavat:

- Aloita lepäämällä.

- Totuttaudu eläkkeellä olemiseen. Vuosikin voi olla sopiva aika uuden tilanteen makusteluun.

- Pidä yhteyttä ystäviin. Etsi itsellesi sopiva yhteisö.

- Luo arkeen hyvä rutiini. Hanki kalenteri. Täytä sitä viisaasti.

- Huolehdi kokonaisvaltaisesti itsestäsi: uni, liikunta, ravinto – ilo!

- Kun aika on, tartu asioihin ja toimintaan, joka on sinulle tärkeää ja josta pidät.

Lopuksi

Olen joskus verrannut ihmisen elämänkokonaisuutta kukkaan. Mielikuvaksi sopii vaikkapa kehäkukka tai auringonkukka pyöreine keskuksineen ja runsaine terälehtineen. Tuo kaiken keskus, kukkapohjus, on vertauskuvassani ikään kuin minuus, ihmisen identiteetti. Sitä ympäröivät terälehdet edustavat puolestaan kaikkeen elämään ja itse identiteettiin vaikuttavia alueita tai ulottuvuuksia:

aikaa, toimintaa, ihmissuhteita, elämänsisältöä sekä terveyttä ja taloutta. Kaikilla niillä on tärkeä vaikutus hyvinvointiin ja tasapainoon. Olemme puhuneet niistä edellä.

Vielä haluaisin sanoa muutaman sanan minuuttasi, elämisesi ydintä koskien. Haluaisin ikään kuin kietoa sinut vapautumisen, tasapainon ja sisäisen rauhan viittaan. Olkoon se vaikkapa suojuslehdistö elämäsi kukinnon ympärillä!

Toivoisin, että voisit nyt elämänpolkusi risteyksessä katsella itseäsi ja elämääsi hyväksyvästi, tyynesti ja kiitollisesti. Sinä olet omassa elämässäsi pääosassa. Olet tähän saakka edettyäsi jo kulkenut matkan, joka on jättänyt sinuun jälkensä, kuten sinä olet jättänyt itsestäsi jälkiä tiesi varrelle. Kokemustesi vuoksi olet se, joka olet: oma, arvokas itsesi. On aika kysyä, mihin suuntaan haluat nyt kasvaa?

Soisin myös, että jos sinulla on kipeitä kokemuksia, pystyisit päästämään niistä irti. Katkeruus syö ihmistä. Me ihmiset teemme virheitä, me emme aina yllä omiinkaan standardeihimme. Erilaisissa olosuhteissa me kaikki toimimme niin hyvin kuin osaamme, oman senhetkisen eettisen kapasiteettimme tasolla. Jos suret omia tekojasi, anna itsellesi anteeksi. Jos joku toinen loukkasi sinua, yritä antaa myös hänelle anteeksi. Hän, joka sinua loukkasi, saattoi kantaa omia taakkojaan.

Katso eteenpäin ja sano tänään elämän mahdollisuuksille "kyllä"! Näe se, mikä elämässäsi on ollut ja on hyvää ja kaunista. Keskity siihen ja anna kiitollisuuden lämmön hoitaa ja vahvistaa sinua. Muista, että saat katsella tulevaisuuteen luottavasti. Asioita voi lähestyä joko päivän tai pimeän puolelta – valitaan valo! Myönteinen asennoituminen annetaan joillekin synnyinlahjana, mutta sitä voi myös harjoitella. Vastoinkäymisiin keskittymisen sijaan voit miettiä, kuinka päästä asiassa eteenpäin. Oma elämäsi jo osoittaa, että aina on löytynyt tie!

Toivon, että rohkeutesi on kasvanut ja ajatuksesi ovat seestyneet, että iloinen odotus kuplii sinussa! Siihenkin sinua kannustan, että kuuntelet omia toiveitasi ja tarpeitasi, oivallat tilaisuuksia, löydät ratkaisuja!

Kirjan alussa houkuttelin sinua unelmointiin. Sitä pyydän vieläkin: Unelmoi, suunnittele ja toteuta haaveitasi! Nauti avautuvista mahdollisuuksista!

Hyvä ystäväni antoi minulle ohjeen, jonka haluan jakaa kanssasi: Muista juhlia elämääsi!

Kiitos, että kuljit kanssani tämän valmistautumisen matkan omat eläkevuotesi näköpiirissä!

Hyviä eläkepäiviä!

Omia pohdintoja ja merkintöjä:

Omia pohdintoja ja merkintöjä:

Omia pohdintoja ja merkintöjä:

Omia pohdintoja ja merkintöjä: